JN156181

gleam BOOKS

公正証書 ア・ラ・カ・ル・ト

相続

藤原勇喜

株式会社 朝陽会

はしがき

ここ数年、社会問題として、空き家問題・所有者不明土地問題などが喫緊の課題として取り上げられています。なぜ、所有者不明の土地や建物が増加するのか？　相続登記がされないまま放置されることによって相続人が多数になり、その権利関係の把握が困難になってしまうからです。

そのため、法務省などでは、相続登記の必要性について市民の理解を得るべく、法定相続情報証明制度の運用などの情報提供活動が展開されています。

日本は平地の少ない国ですから、まだまだ不動産の価値は高く、金融資産などと同様に、生活・事業に必需なものです。そこで、愛と感謝のメッセージと言われる遺言の活用により、気持ちのこもった財産の継承ということを考えてみてはいかがでしょうか。

もし、遺言をしていないとすると、残された配偶者や子どもたちが遺産分割の話し合いをすることになります。スムーズに話し合いが進むとよいのですが、そうでない場合、どうして自分の考えを文書にしておいてくれなかったのかな……となるのではないでしょうか。

相続が争族にならないように、遺産を残す人も相続を受ける側も、相続の知識を具体的事例をとおして無理なく身につけることが必要な時代になってきているのではないでしょうか。現在は、自己決定、自己責任の時代であると言われています。それを踏まえた「さわやかな遺言」は、愛と感謝の贈り物です。

そこで、本書は、『公正証書ア・ラ・カ・ル・ト』第3弾として相続を取り上げました。分かりやすく、具体的な事例を紹介しています。内容は奥の深いものもやさしく読めて、さらに法律の知識が増すという二兎を求めて執筆しました。第1弾「公正証書とは」、第2弾「遺言」と同様、『時の法令』から相続の部分を中心にまとめたものです。おおいにご活用いただければと思う次第です。

版元の（株）朝陽会、編集作業を担った雅粒社の皆さまに感謝とお礼を申し上げます。

平成30年2月

藤原　勇喜

目次

父の借金が多く、遺産は少ないので、息子の私はその遺産の範囲でしか返済できないのですが。

お父さんが亡くなられてその遺産を調べてみたら未返済の借金が多くてどうにもならない。何か法的なよい方法はないのだろうかというご質問です。その方法としては、民法で規定する限定承認をすることが考えられますので、以下限定承認を中心に説明します。

1　限定承認とは

民法922条は「相続人は、相続によって得た財産の限度において のみ被相続人の債務及び遺贈を弁済すべきことを留保して、相続の承認をすることができる。」と規定しています。この規定からも明らかなように限定承認というのは、被相続人の債務及び遺贈（被相続人が遺言で贈与をしていた場合）を、相続によって得た財産の限度まで支払うことを条件とした、相続人の意思表示による相続のことを言います。

この限定承認をしますと、相続財産が債務超過の場合にも、責任を相続財産の限度にとどめることができ、相続財産と相続人の固有財産との混同を防止し、相続人や相続債権者（被相続人の債権者）、相続人の債権者などの利益を保護する意味をもっています。ここでいう相続人には包括受遺者も含まれます。民法990条は「包括受遺者は、相続人と同一の権利義務を有する。」と規定してそのことを明らかにしています。

2　相続によって得た財産とは

相続人は、相続開始時に被相続人に属した一切の権利義務を承継します（民法８９６条）が、民法９２２条で規定する「相続によって得た財産」というのは、そのうちの権利、すなわち積極財産のみを意味します（被相続人の一身に専属したものは除かれます）。相続財産から生じる果実、例えば、限定承認後相続財産である不動産から生じた賃料債権等の果実（大判大正3年3月25日民録20巻２３０ページ）、相続財産である株式から生じる利益配当請求権などの果実（大判大正４年３月８日民録21巻２８９ページ）も含まれます。

3　被相続人の債務及び遺贈とは

民法９２２条は「…被相続人の債務及び遺贈を弁済すべきことを留保して…」と規定していますが、この場合の債務というのは、相続により承継された債務を指します。相続財産中の賃借権につき相続開始後に発生した賃料債務が含まれるか否かについては争いがあります。判例は「相続開始後の賃料債務は相続債務には含まれず、相続人の個有の債務になる」としています（大判昭和10年12月18日民集14巻２０８４ページ）。

被相続人が設定した抵当権が限定承認の当時未登記であった場合、抵当権者は相続人に対しその設定登記を請求する利益を有せず、登記を請求することができません（大判昭和14年12月21日民集18巻1621ページ）。言い換えれば、この場合の被相続人の登記協力義務は、相続債務には含まれないということになります。しかし、相続した土地につき代物弁済の予約（民法482条により、債務者が、債権者の承諾を得て、その負担した金銭債務の支払に代えて土地の所有権を譲渡する旨の予約）がなされ、その予約に基づき所有権移転請求権保全の仮登記がされているときは、その後抵当権設定者が死亡し、相続人が限定承認をした場合でも、仮登記抵当権者は相続人に対しその仮登記の本登記を請求できる（この場合の本登記に協力すべき義務は、相続債務に含まれる）と解されます（最判昭和31年6月28日民集10巻6号754ページ）。

ただ、不動産の死因贈与による受贈者への条件付所有権移転の仮登記がされている場合に、贈与者が被相続人であり、受贈者が相続人であるような場合には、相続人（子）が限定承認をしたときは、死因贈与に基づく限定承認者（子）への仮登記に基づく所有権移転の本登記が相続債権者による差押登記より先にされたとしても、信義則に照らし、相続人である限定承認者は相続債権者に対し不動産の所有権取得を対抗できないとしています（最判平成10年2月13日民集52巻1号38ページ）。

4　被相続人の債務と遺贈の優劣

相続人が限定承認をしても、被相続人の債務と遺贈については、（相続人は遺贈を履行すべき遺贈義務者として）弁済をしなければならないのですが、遺贈よりも相続債務が優先されますので、まず相続財産から相続債務についての弁済がされます。完済してもなお相続財産に残余がある場合には遺贈について弁済がされます（民法９３１条）。残余が全額に足りないときには、遺言による遺贈義務について弁済されないことになります。

このように限定承認は積極財産の限度において相続債務や遺贈を弁済するものですので、仮に弁済できない場合であっても、相続人は自己の固有財産からその債務を支払う必要はありません。ただ、債務が減少するわけではありませんので、相続人が任意に弁済しても非債弁済（債務がないのに弁済すること）にはなりません。

5　限定承認の効果

今まで説明しましたように、限定承認をすれば、相続人は、たとえ相続債務及び遺贈が相続財産を超過していても、相続財産の限度においてのみその債務を弁済すれば足り、自己の固有財産をもって弁済する必要はないということが明らかになったと思います。ただ、限定承認をした相続人といえども、被相続人に属した債務の全額を承継しますので、限定承認によりその債務の引当てとしては相続財産を限度とする有限責任を負うと解するのが通説・判例です（大判昭和7年6月2日民集11巻1099ページ）。この意味は、債務と責任が分離し、債務超過の場合に限定承認者の負う債務は、法律的には責任なき債務ということになります。要は、相続債権者は、限定承認者に対して、債務の全額の請求はできるわけですので、限定承認者が任意に弁済すれば有効な弁済となります。故に、相続債権者は、裁判で債務の全額を請求できますので、判決もその債務全額についての給付判決をし、ただ相続財産の限度において弁済をすべき旨の留保を付することになります。

6　共同相続人の限定承認

民法923条は「相続人が数人あるときは、限定承認は、共同相続人の全員が共同してのみこれをすることができる。」と規定しています。この規定によると、共同相続人の一部の者が限定承認に賛成しない場合に、被相続人の債務の負担を欲しない相続人は相続放棄をせざるを得ないことになりそうです。共同相続人の一部の者が行方不明の場合には、その者のために任命された不在者の財産管理人（民法25条以下）が家庭裁判所の許可を得て、他の共同相続人と限定承認の申請をすることができると解されます。相続放棄をした者は初めから相続人とならなかったものとみなされます（民法939条）ので、その者を除いて他の共同相続人全員で限定承認をすることができます。限定承認されますと、共同相続財産の管理人は、家庭裁判所によって共同相続人の中から選任されます（民法

936条)。

7　限定承認をした相続人の被相続人に対する権利義務

相続人が被相続人に対して債権または債務を有していたような場合、単純承認であれば、相続によって被相続人の債務または債権は相続人に承継され、両者の権利義務は混同（民法520条）によって原則として消滅します（その権利が第三者の権利の目的であるような場合は除く)。しかし、限定承認の場合にはこれを認めず、相続財産を相続人の固有財産と融合させずに清算することとし、混同による権利義務の消滅を認めていません。民法925条は「相続人が限定承認をしたときは、その被相続人に対して有した権利義務は、消滅しなかったものとみなす。」と規定してその趣旨を明確にしています。925条に規定する「権利義務」は債権・債務のみならず物権も含むと解されています。

また、この場合の「権利義務」は被相続人と相続人とのそれに限らず、被相続人と相続人が第三者に対して同一内容の権利義務を有している場合も混同は生じないと解されています。例えば、被相続人と相続人が第三者に対して連帯債務を有していたような場合は、相続財産と相続人の固有財産がそれぞれ引当財産となっており、債権者から一方の財産に債権が行使されたとき、当該財産は他方財産の負担部分につき求償権を行使できると解されますし、相続人が被相続人の保証人であったような場合にも同様に解されます。

8　限定承認の手続

相続人は、限定承認をしようとするときは、自己のために相続の開始があったことを知った時から3か月以内に相続財産の目録を作成して家庭裁判所に提出し、限定承認をする旨を申述する必要があります（民法924条）。限定承認は、相続が開始した後、右の期間内に、かつ相続の承認をしないうちにする必要がありますので、右の期間が経過した場合はもちろん、相続財産の全部または一部を処分した場合（民法921条1号）も単純承認をしたとみなされます。

＊

ご質問の趣旨は、負債超過ではあるけれども多少資産も残っているので、その範囲でなら弁済はしたいという意向のようであると考えられましたので、限定承認という方法について説明しました。

なお、相続財産が債務超過の場合、相続債権者、相続人などの裁判所に対する申立てにより、相続財産を破産財団として裁判所の破産手続で清算することも法律的には可能です（破産法223条）。しかし、相続財産に対して破産手続開始決定がなされても、相続人が相続放棄または限定承認をしておかなければ、相続人は、この破産手続の中で弁済されなかった債務を自己の固有財産によって弁済する責めを負うことになります（大阪高判昭和63年7月29日高民41巻2号26ページ）。したがって、ご質問の場合には、限定承認の方法がもっともふさわしいのではないかと考えられます。

父がこの土地は自分が死んだらお前（相談者）にやるという約束（死因贈与契約と言いますが、公正証書で作成されているということです）をした土地ですが、父が残した借金が大変多かったため、相続財産の範囲でしか債務を負わないという限定承認をした場合でも、その死因贈与契約に基づいてその土地をもらうことができるのかどうかというご質問です。すでにその死因贈与契約に基づいて当該土地に始期付所有権移転の仮登記（相談者が仮登記権者）の本登記がされているということです（限定承認については前章を参照）。

父が生前に私にやるといった土地は、私が限定承認をしても、もらえますか。

1　死因贈与契約とは

死因贈与契約とは、贈与者が死亡することによって効力を生ずる一種の停止条件付贈与契約のことを言います。類似の法律行為として遺贈がありますが、遺贈は遺言によって、遺産の全部又は一部を無償で、又は負担を付して受遺者に贈与する単独行為である点で契約である死因贈与と異なります。ただ、双方とも死後における財産の処分を目的とする点で類似しており、民法554条は、「贈与者の死亡によって効力を生ずる贈与については、その性質に反しない限り、遺贈に関する規定を準用する。」と規定しています。しかし、死因贈与は契約ですから、能力や意思表示の瑕疵《かし》については、一般の法律行為の有効要件に従い（例えば、一般の法律行為の行為能力は20

歳です（民法4条）が、遺言能力は15歳です（民法961条））、方式についても遺言のような厳格な方式を必要としないと解されています。

ただ、死因贈与契約も贈与者の死後に効力を生ずる契約ですから、その契約内容を明確にしておく必要性から、遺贈の場合と同様に公正証書で作成することが比較的多い契約です。

2　相続債権者と相続人が取得した権利

民法931条は、限定承認者は、各相続債権者に弁済をした後でなければ、受遺者に弁済をすることができない旨規定しています。この趣旨は、相続債権者の権利が相続開始前に確定しているのに対し、受遺者の権利は相続開始後に確定すること、相続債権者は被相続人の財産状態を考慮して債権を取得したのに対し、受遺者は被相続人により一方的に与えられたものにすぎないといった点を考慮しています。

3　相続債権者と相続人の死因贈与による仮登記の本登記

被相続人から不動産の死因贈与を受ける契約をした相続人（本ケースの相談者）が、相続開始前（父が亡くなる前）に死因贈与契約に基づいて始期付所有権移転の仮登記をし、相続開始後に本登記をした後に、相続の限定承認をした場合、当該不動産（本ケースの場合の土地）は、民法922条に規定する「相続によって得た財産」に該当すると考えられるかどうかがポイントになります。この点について判例は次のように判示して、当該不動産は相続財産の引当てになるとしています。「不動産の死因贈与の受遺者が贈与者の相続人である場合において、限定承認がされたときは、死因贈与に基づく限定承認者への所有権移転登記が相続債権者による差押登記（金銭債権を満足させるための強制執行手続において、目的財産に対する債務者の処分権を制限する登記のことを言います）より先になされたとしても、信義則に照らし、限定承認者（本ケースの相談者）は相続債権者に対して不動産の所有権の取得を対抗することができない」としています（最判平成10年2月13日民集52巻1号38ページ）。

つまり死因贈与の対象となる不動産についてたとえ相続開始後に仮登記に基づく本登記をして対抗要件を具備したとしても、死因贈与受遺者である相談者が限定承認をすれば、登記を取得していても相続債権者に対抗できないということになります。限定承認者は、本来、死因贈与の目的物を含む被相続人の財産を相続債権に対する弁済に充てるべき立場にあるにもかかわらず、贈与者の相続人としての登記義務者の地位と受遺者としての登記権利者の地位を兼ねて自己に対する対抗要件を具備することにより他の相続債権者に優先して弁済を受ける行為は、信義則に反する行為であると言えるからです。

＊

いずれにしても、相続人が限定承認をすると、相続財産は、相続開始後に、死因贈与による仮登記に基づく本登記がされていても、依然として相続財産を構成するものとして相続債権の引当てになると解されていることは既述のとおりです。したがって、本ケースの場合、ご相談者の方は、死因贈与に係る当該土地は取得できないと解されます。

相談者は、友人に土地を担保にお金を貸したが、友人が急死し、その相続人が限定承認をした場合、貸したお金と抵当権はどうなるかというご質問です。相続に絡む難しい問題です（限定承認については前述の1章・2章とも参照）。

1　限定承認者の注意義務

相続人には、承認または放棄をするまでは、相続財産をその固有財産におけるのと同一の注意をもって管理する義務がありますが（民法918条1項）、単純承認すれば相続財産が相続人自身の財産になりますから、この注意義務は消滅します。しかし、限定承認をした場合には、さらにこの管理義務が継続することになります。いずれにしましても、このような場合に、善良な管理者の注意義務（特定物の引渡しの場合の注意義務＝民法400条、有償受寄者の場合の注意義務＝民法659条、受任者の注意義務＝644条）という高い注意義務は課せられていません。

ところで、限定承認をした相続人は、当然のことですが、財産を隠匿したり、ひそかに消費したりすることはできません。もしそのような行為を行いますと、相続財産の清算後に弁済されずに残った債務につき、自己の固有財産からこれを弁済しなければなりません（民法937条）。

お金を貸した相手が急死し、その相続人が限定承認をしました。私はどうなりますか。

2　限定承認の申述の受理

限定承認の申述が受理されますと、限定承認者は債権者（相談者もその1人）に対し2か月以上の期間を定め、債権の申出をするように催告をし（民法927条1項）、申出を待ちます（民法928条）。この間に、相続財産を換価しておき、期間満了後に申し出た債権者と知れている債権者に弁済します（民法929条・930条）。債権額に応じて配当弁済をすることになります（民法929条）。ただし、優先権を有する債権者はこれらの者に優先します（民法929条ただし書）。

3　未登記抵当権等の効力

民法369条1項は、「抵当権者は、債務者又は第三者が占有を移転しないで債務の担保に供した不動産について、他の債権者に先立って自己の債権の弁済を受ける権利を有する。」と規定し、また、民法177条は、「不動産に関する物権の得喪及び変更は、不動産登記法その他の登記に関する法律の定めるところに従いその登記をしなければ、第三者に対抗することができない。」と規定しています。

例えば、Aが自己所有の不動産につき、B（相談者）のために抵当権を設定したが、その登記手続未了のうちにAが死亡し、相続人Dは、相続債権者Cがいたため、限定承認をしたとします。この場合に、BとCの優劣はどのように決せられるか、また、限定承認者Dは抵当権者Bに対して登記義務を負うかということが問題になります。

この点につき、大判昭和9年1月30日（民集13巻1号94ページ）は、被相続人が生前に自己所有の不動産を他に売却したが登記未了であったところ、相続が開始し、相続人が限定承認をしたという事案において、同判決は、限定承認があったときは、相続財産中のある物件につき生じた権利の得喪は、相続開始時に対抗要件を具備していない限り、たとえその後に対抗要件が具備されても相続債権者にその権利の得喪を対抗できないとしています。

なお、これに関連して、譲受人が相続開始前に被相続人からの所有権移転仮登記を経由していた場合には、その相続人が限定承認をしたとしても、相続開始後に仮登記に基づく本登記を経由することにより、相続債権者に所有権取得を対抗できるとしています（最判昭和31年6月28日民集10巻6号754ページ）。これは仮登記には権利の優先順位を保全する効力があることを重くみたことによるものと考えられます。

4　限定承認者と未登記抵当権者

それでは、ご相談のケースのように、相続開始時に登記を具備していなかった抵当権者と限定承認者との関係はどうなるのかということになります。

この点につき、大判昭和14年の判決（本書3ページ参照）は、被相続人から抵当権の設定を受けた者（相談者と同じ立場です）が、相続開始後に限定承認をした相続人に対して抵当権設定登記手続を求めた事案につき、「未登記抵当権は他の相続債権等に対抗できず、優先権（民法９２９条ただし書）を認められないから、他の一般債権者とともに債権額の割合に応じて相続財産により弁済を受けるしかない」旨判示し、限定承認者に対し設定登記を請求する利益を通常有しないとの考え方を示しています。

そうなりますと、ご相談のケースは、相談者が限定承認者に対して、抵当権についての登記請求をすることはできず（限定承認者は登記義務を負わない）、他の相続債権者とともに債権額の割合に応じて相続財産から弁済を受けるほかないということになると考えられます。

＊

ご相談のケースは、担保付きで融資をした相手方が友人であり、しかも急に亡くなられたということで、法律的な手続を整える時間がなかったのではないかとも推測され、相談者にはとるべき法的手段が限られるという結果になってしまいました。やはり融資をするときには、同時に抵当権などの設定登記をして対抗力を取得しておくということが極めて重要であるということになります。

相談者（B）は、相談者の兄（A）の事業の協力者として、兄から公正証書遺言により土地の遺贈を受けたが、その兄が亡くなってから間もなく、その土地につき相談者の弟（C）名義に相続登記がされ、Cの債権者甲からの強制競売開始決定に係る差押えの登記（以下差押えの登記という）がされている、このような場合には兄の公正証書遺言による遺贈の登記はできないのでしょうかというご質問です。

兄から遺贈された土地が弟名義で相続登記され、差押えの登記がされた。どういうことでしょうか。

1　兄の公正証書遺言

兄Aの事業に対して相談者Bが弟として長きにわたり積極的に協力したということで、その兄が土地を相談者に遺贈する旨の公正証書による遺言書を作成していた。その後兄は死亡し、その公正証書遺言は効力を生じたが、相談者は、その遺贈による所有権移転登記をしていなかった。ところが、その後相続人の1人である相談者の弟Cに対する強制執行として、Cの債権者甲からCに代位して当該不動産について法定相続による登記（B2分の1、C2分の1の共有持分）をし、Cの持分につき甲による差押えの登記がされてしまった。このような場合には、相談者Bは遺贈を受けた不動産は自己の財産であるということで遺贈によるB単独名義による登記ができないのかというご相談です。

この場合、兄Aの死後直ちに遺贈による登記をすればご相談されているような問題は発生しなかったと考えられます。

2 遺贈

遺贈というのは、遺言によって、遺産の全部又は一部を無償で他に贈与することを言います。遺贈を受ける者を受遺者と言い、相続人も相続欠格者でない限り、受遺者になることができます（民法964条・965条）。遺贈には、遺産の全部あるいは何分の1という形でされる包括遺贈と特定の財産を示してされる特定遺贈がありますが、ご相談の場合は、特定の土地についてなされていますので、特定遺贈になります。

3 遺贈と第三者

遺贈は遺言によって受遺者に財産権を与える遺言者の意思表示であり、意思表示によって物権変動の効果を生ずるものですが、遺贈の効力が生じた場合でも、遺贈を原因とする所有権移転登記がなされない間は、完全に排他的な物権変動は生じないものと解されています（最判昭和33年10月14日民集12巻14号3111ページ）。この判例は、被相続人が不動産を遺贈したが、その旨の登記がなされていなかった場合に、その相続人からその不動産を買い受け、その旨の登記をした者に対しては遺贈によるその不動産の取得を対抗できない旨判示しています。

4　遺贈による登記

民法177条は、所有権等の物権の得喪変更については、登記をもってその対抗要件としており、遺贈による物権変動についても、不動産の二重譲渡などの場合と同様に、登記をもってその対抗要件とするものと解されます。ご相談のケースも、弟Cの不動産持分2分の1に対する差押債権者甲は、民法177条にいう第三者に該当し、受遺者である相談者Bは、その登記がなければ自己の所有権取得をもって差押債権者甲に対抗できないことになります。

5　相続人の債権者

不動産の遺贈による所有権移転登記についても、民法177条の規定の適用があり、受遺者がその所有権取得の登記をしない間に、遺贈者の相続人の1人（ここでは、相談者の弟C）に対する債権者が代位して（民法423条は、債権者は、自己の債権を保全するため、債務者に属する権利を行使することができる旨規定している）、相続による持分取得の登記をし、その持分に対する強制競売開始決定に係る差押えの登記（民事執行法45条1項、48条。以下民執法という）をした場合には、この差押えは債務者の不動産を強制的に換価し、その換価代金によって債権の満足を図る手続ですから、執行裁判所は、差押えによって所有者の不動産に対する処分権を奪い、差押え時における不動産の交換価値を把握して手続を進めますので、差押えの効力が生じた後は、所有者は、不動産の交換価値を毀損するような一切の行為、例えば、不動産を第三者に譲渡したり、用益権・担保権を設定するような行為が禁止されます（民執法46条2項）。したがいまして、この場合には、その債権者は民法１７７条に規定する第三者に該当し（昭和33年最高裁判例。本書17ページ参照）、受遺者（相談者）は登記なくしてその権利を主張することができなくなります。

ただ、この点については、このように特定の不動産についての遺贈があったときは、その不動産は、Aの死亡と同時に受遺者Bに帰属し、相続開始当時からAの相続人Cには帰属しなかったものであるから、債権者代位によりCの相続分2分の1の取得の登記をしたからといって、Cはその持分を取得するものではないのであって、遺贈による不動産の所有権の取得については、民法１７７条の規定の適用がなく、Cの登記上の持分に対して差押えの登記をした債権者甲は、民法１７７条に規定する第三者に該当せず、当該強制執行は、債務者の所有に属しない、つまり第三者の所有に属するものについてなされたものであるから無効であるとする考え方もあり得ます。

しかし、前記最高裁判例を含め、一般的には、相談者Bが遺贈により当該不動産の所有権を取得したとしても、その登記をしていない以上、その所有権の取得を第三者に対抗し得るかということになると、やはりそれは難しいということになります。この理《ことわり》は受遺者が遺贈による所有権移転の登記をしない間に相続人の債権者がその債権保全のため相続人に代位して相続財産を構成する遺贈の目的不動産について相続登記をし、当該不動産に対し差押えの登記がされた場合も同様であって、この差押債権者甲は受遺者である相談者Bに対してその登記の欠缺《けんけつ》を主張することができる第三者に該当することになると考えられます。

6 受遺者と遺贈者の相続人

ご相談のケースは、遺贈による不動産の所有権の移転が民法177条の規定により第三者対抗要件としてその登記を必要とするか否かにかかわる重要なものですが、この事例では、受遺者と遺贈者の相続人との間においては問題ありません。つまり、被相続人の処分行為（ここでは遺贈）によって不動産を取得した者（相談者）は、その相続人（相談者の弟）に対しては、登記なくしてその所有権の取得を対抗できるのであって、相続人はその被相続人の地位を承継しますので、被相続人と同視すべきものであり、民法177条の第三者には、権利変動の当事者である相続人は含まれないからです。

＊

ご相談のケースの場合は、お兄さんが公正証書遺言により、事業に協力した相談者に不動産を遺贈してくれたのですが、そのお兄さんが亡くなられた時に、直ちに遺贈による所有権移転登記をする必要があったわけです。しかし、実際にはそれをしなかったために、せっかく公正証書による遺贈をしてくれたお兄さんの気持ちを十分生かすことができなくなってしまいました。やはり相続にかかわる権利変動については、ご相談のケースのように利害関係人がいる場合が少なくないと考えられますので、とにもかくにも早期処理を心掛ける必要があると思います。公正証書遺言がされているような場合でも、そういう点では安心できず、細心の状況判断をする必要があるということになります。

中華民国（台湾）国籍の亡父が残した土地を相談者ともう1人の相続人である弟が相続したが、その土地を弟が第三者に勝手に売却してしまいました。そこで、相談者としてはその土地を取り戻したいが、それが可能かどうかというご相談です。お父さんが中華民国の方ですので、中華民国の法律が関係してきます。

亡父（台湾国籍）から相続した土地を弟が勝手に処分しました。取り戻せないでしょうか。

1　中華民国民法による相続財産の性質

法の適用に関する通則法（以下「通則法」という）36条によれば、「相続は、被相続人の本国法による。」と規定していますので、ご相談の事例の場合は、被相続人の本国法に準拠して定めることになります。そこで、中華民国民法1151条をみると、「相続人が数人いるときは、遺産の分割前において、それぞれの相続人は遺産の全部に対して公同して共有する。」と規定しています。

ここで言う「公同して共有」は公同共有と言い、日本で言う、いわゆる合有に当たるものと解されています。合有というのは、多くの者が共同して同一の物を所有する形態の一つであり、共同目的のために持分権の処分及び分割が制限されているものであると言われています。共同所有形態には、総有、共有、合有があり、合有は総有と共有の中間の共同所有形態であると言えます。すなわち合有というのは、共同所有者が各々の所有権を有していますが、目的物が一つであることから、各人は分数的割合の持分権を有しているにすぎず、持分権の処分及び分割が制限されています。そして、合有する目的が終了すると同時に持分権の処分及び分割は自由にすることができるようになります。

中華民国民法828条前段は、公同共有者の権利義務は、その公同関係を規定する法律又は契約によってこれを定めるものとし、後段は、前段の法律又は契約に別段の定めがある場合を除くほか、公同共有物の処分その他の権利の行使については、公同共有者全員の同意を経ることと規定しています。

したがって、ご相談のケースの場合は、被相続人である父から相続した不動産は、共同相続人である相談者とその弟の合有に属し、遺産の分割前には、共同相続人である相談者とその弟の同意がなければ、相続不動産の持分を処分することはできないということになります。しかし、弟は共同相続人である相談者の同意を得ていませんので、その処分の効力が問題となります。

2　相続持分の売買の効力

所有権などの物権の問題について日本の通則法13条は、その1項で、「動産又は不動産に関する物権及びその他の登記すべき権利は、その目的物の所在地法による。」と規定し、2項は、「前項の規定にかかわらず、同項に規定する権利の得喪は、その原因となる事実が完成した当時におけるその目的物の所在地法による。」と規定しています。

相続財産が第三者に処分された場合の効力が問題となるこの場合には、前提となる相続人の処分権の有無は、中華民国の民法により判断するのか、それとも物権の問題に該当するとして、通則法13条により判断するのが相当であるのかということが問題となります。つまり、相続の問題と物権の問題との間の線引きというのは、すでに第三者に譲渡している場合なのか、まだ譲渡しておらず相続財産を構成している場合であるのかに分け、譲渡してしまっている場合には、第三者が関係してきますので、不動産（物権）の問題とし、不動産が相続人間にとどまっている限りは、相続の問題として考えます。

したがって、相談事例では、物権の問題として通則法13条2項を適用し、その原因である事実の完成した当時における目的物の所在地法である日本民法が適用されることになると解されます。日本法上は、処分の相手方である第三者との関係では有効な処分であり、処分の相手方は有効に権利を取得します。このケースの場合も、弟が勝手に相続不動産を処分（売買）したのですが、その売買は有効であり、その取戻しは難しいということになります。

この問題に関連した判例があります。以下に説明します。相続の準拠法上、相続財産がいわゆる合有とされ、相続人が遺産分割前に個別の財産の相続持分を単独で処分できないとされているとしても、日本法上はそのような不動産の権利関係についての相続財産の合有状態ないし相続人の処分の制限を公示する方法はなく、また一方では、共同相続人が分割前の遺産を共同所有する法律関係は基本的には民法２４９条以下に規定する共有としての性質を有するものとされ（最判昭和30年5月31日民集9巻6号７９３ページ）、共同相続人の1人から遺産を構成する特定不動産について同人の有する共同持分権を譲り受けた第三者は、適法にその権利を取得することができるとされています（最判昭和38年2月22日民集17巻1号２３５ページ）。日本に所在する不動産について、相続準拠法上の規定を遵守しないでされた処分を無効とすると著しく取引の安全を害することになりかねないからです（最判平成6年3月8日民集48巻3号８３５ページ）。

＊

ご相談いただいた内容は、国際性（渉外性）を有する大変難しいテーマです。類似のケースを取り扱った判例がありましたので、その判例を参照しながら回答しました。参考にしていただければと思います。

相談者の父が亡くなり、相続人は相談者と兄、そして妹の3人ということです。遺産は、亡父名義の自宅（土地と建物）のほか、若干の貯金があり、遺産分割の協議の結果、父と同居し、父の面倒をみた兄が不動産を相続するということで協議が成立している。後日3人全員で印鑑と印鑑証明書を持参し、押印して協議書を完成させるということになったが、その当日になって妹が印鑑を押さないと言い出して困っている、解決するために何かよい方法はないかというご相談です。

このように相続に絡む問題は、兄弟姉妹間の怨念や確執があり、それが解消されていないような場合には、理屈だけでは説得が困難であり、なかなか解決が難しい場合もあると考えられます。そこで、ここでは、法的な方法として考えられることをいくつか紹介し、それをもって回答ということにします。

遺産分割の協議が成立したが、その協議書作成の段階で妹が印鑑を押さないのですが。

1　遺産分割協議

共同相続人は、被相続人が遺言で禁じた場合を除き、いつでもその協議で、遺産の分割をすることができます（民法907条）。ご相談のケースでは、3人の共同相続人の協議で遺産分割をしています。なお、相談者のお母さんは、お父さんが死亡する前に亡くなっているということです。

前述のように、父名義の自宅（土地・建物）は長男が相続し、若干の貯金等は、相談者と妹が平等に相続するということで、すでに遺産分割の協議は成立しています。

民法906条は、「遺産の分割は、遺産に属する物又は権利の種類及び性質、各相続人の年齢、職業、心身の状態及び生活の状況その他一切の事情を考慮してこれをする。」と規定していますが、このようにいろいろな状況を考慮して3人で遺産分割をし、協議書を完成させようとしたということです。

2　遺産分割協議書への押印の拒否

この事例では、妹さんが遺産分割協議のときにはその協議内容につき了解をしたが当日印鑑を所持していなかったということで後日押印し、その印鑑証明書を持参することになっていたということですが、その当日妹さんは押印そのものを拒否したということです。このように遺産分割協議のときにはその内容につき了解し、後日の押印の段階になってそれを拒否するということになると、やはりその真意がどこにあるのか、例えば、一度は納得したが、今までの確執からどうしても協力できないとか、あるいは一応は了解しようとしたが、どうしても金銭等の要求をせざるを得ないというようなことで、最初の協議の段階で了解したという心境あるいは状況が変化し、どうしても拒否が続くこともあると思われます。実は分割協議では合意しても押印をしない例は実際けっこうあります。

そこでこのような場合には、家庭裁判所への遺産分割の調停あるいは審判の申立てなどをすることが考えられます。

3　証書真否確認訴訟

遺産分割協議書に押印はしたが印鑑証明書の交付を拒否するような場合には、遺産分割協議書の真否確認の訴訟をすることができます。この場合は、その勝訴判決を相続証明書の一部として相続による単独申請をすることが考えられます（昭和55年11月20日民3第6726号法務省民事局第三課長回答、最判昭和27年12月12日民集6巻11号1166ページ、同昭和27年11月20日民集6巻10号1004ページ）。民事訴訟法134条は、「確認の訴えは、法律関係を証する書面の成立の真否を確定するためにも提起することができる。」と規定しています。

そこで、相談事例で、財産を取得する長男が、妹を相手に遺産分割協議書の真否確認の訴えを提起し、その勝訴の確定判決を得たうえで、それを相続を証する情報として、その確定判決、登記に協力する者（相談者）の印鑑証明書、遺産分割協議書を提供して、遺産分割協議に基づく相続登記を単独で申請することができるかどうかです（前掲昭和55年の法務省先例）。

妹が翻意して押印そのものを拒否していますので、当該遺産分割協議書が法律関係を証する書面として真正に作成されたと言えるかどうか、押印がされていないということは、遺産分割協議書のような法律関係を証する書面として真正に作成されたかの確認は難しいということになる可能性もあると考えられます。やはり、遺産分割協議書は、戸籍謄本などの記載の内容を変更する書面ですから、その真正を担保するためには申請人以外の共同相続人の押印とその印鑑証明書を提供する必要があるということになりそうです（昭和30年4月23日民事甲742号法務省民事局長通達）。そうなりますと、本事例では、妹の押印がないということで、この方法によることは難しいと考えられます。

4　その他の方法

(1)　遺産分割により被相続人名義の不動産を取得した相続人が単独で相続を原因とした所有権移転登記ができるよう妹を相手に訴えを提起することも考えられます。しかし、相続登記は、遺産分割により被相続人名義の不動産を単独取得した相続人（兄）の単独申請の構造をとっていますので、他の相続人（相談者と妹）は登記申請の義務者ではなく、その人を相手に訴えを提起しても意味がないことになり（民事執行法174条、不動産登記法63条1項）、その勝訴判決を得ても、相続登記をすることができないということになります（昭和53年3月15日民3第1524号法務省民事局第三課長依命回答）。

(2)　所有権確認請求訴訟を提起することも考えられます。

遺産分割の協議は成立したが相続人の一部の者（妹）が遺産分割協議書への押印を拒んでいる場

合、当該遺産分割により特定の不動産を単独で相続することになった者は押印を拒んでいる者に対する所有権確認訴訟の勝訴判決及び当該遺産分割の協議書（長男と相談者の印鑑証明書付）を提出し、長男が単独で遺産分割による相続による所有権移転登記を申請する方法があると考えられます（平成4年11月4日民3第6284号法務省民事局第三課長回答）。

(3)　持分移転登記手続請求訴訟を提起することが考えられます。

当該不動産につき、法定相続による共同相続登記を行い、長男が原告、妹を被告として遺産分割（日付は、遺産分割協議日）を登記原因とする持分移転登記手続請求訴訟を提起する方法です。長男はその勝訴判決を得て単独で登記申請をすると同時に、協力的である相談者とは遺産分割を登記原因とする共同申請ができると考えられます。

＊

相続における遺産分割協議は、相続人の共有となっている遺産を相続分に応じて分割し、各相続人の財産とする協議のことを言いますが、相続人それぞれの固有の事情があり、それぞれの相続人の感情や思いが錯綜し、その気持ちや判断がぶれるというようなことがあり得ると思われます。したがいまして、その協議は慎重に十分時間をかけてお互いが納得いくまで、何回も繰り返して行うということが必要ですが、どこかで妥協若しくは折り合いをつけるということも必要ではないかと思われます。

そんな状況の中で、最近、公証役場で公証人を交えて遺産分割の協議をするということが多くなっていると聞いています。利害関係のない公証人が法律的に重要な論点を整理しながら、相続人の方々のいろいろな事情や真意を聴き、お互いに納得のできる接点を何とか見つけ、妥協できるぎりぎりのところで協議が成立するということがあり得ると思います。

私も公証人経験者としてその協議の大変さを身をもって感じておりますがその一方で、接点をみんなで必死になって見つけだすことができお役に立つことができたときの充実感・達成感のようなものは今もって思い起こすことができるほどです。

もし、遺産分割協議をするときに第三者の目が必要ではないかと思われたときは、公証役場に行き、ここでご紹介した訴訟による方法なども考慮しながら法律的な視点を加味した遺産分割協議を検討してみてはいかがでしょうか。

相談者は、最近事業がうまくいかなくなり、破産手続が開始しているということですが、昨年亡くなった叔父の遺品の中から、土地一筆を相談者にやるという公正証書遺言が見つかったということで、今年になって開始された破産手続との関係がどうなるかという相談です。

事業に失敗し破産した私に、土地をやるという亡叔父の遺言が見つかったのですが。

1　特定遺贈の承認・放棄

民法964条は、「遺言者は、包括又は特定の名義で、その財産の全部又は一部を処分することができる。ただし、遺留分に関する規定に違反することができない。」と規定しています。そして、その種類としては、遺産の全部又は一部を一定の割合で示してする包括遺贈と、特定の財産についてする特定遺贈とがあります。ご相談の場合は、土地一筆の遺贈ということで、所在、地番などを特定して相談者にやる（遺贈する）ということですので、特定遺贈ということになります。

そして、この遺言は、遺言者の死亡の時から効力を生じます（民法985条1項）。したがって、遺言者の死亡により特定遺贈の目的である財産は受遺者に移転します（大判大正5年11月8日民録22巻2078ページ）。しかし一方では、受遺者は、遺言者の死亡後、いつでも、遺贈の放棄をすることもできます（民法986条1項）。そして、その遺贈の放棄をしたときは、遺言者の死亡の時に遡ってその放棄の効力が生じます（同条2項）。

今回のケースは、相談者の事業についての破産手続が開始されてから叔父の遺言書が発見されたということで、その遺言についての承認・放棄の判断はまだしていないということです。

2　受遺者の破産

破産法244条1項は、「破産手続開始の決定前に破産者のために特定遺贈があった場合において、破産者が当該決定の時においてその承認又は放棄をしていなかったときは、破産管財人は、破産者に代わって、その承認又は放棄をすることができる。」と規定しています。

この規定が適用されるのは、「破産手続開始の決定前に破産者のために特定遺贈があった場合」ということになりますので、相談のケースがこれに該当します。つまり、このケースは、相談者の事業がうまくいかず、債務の支払などができなくなり（破産法15条1項）、破産手続開始の決定がなされたわけですが、その前に叔父が死亡しており、その叔父が相談者に土地一筆を遺贈するという公正証書遺言があったということですから、遺言者の死亡により遺贈が既に効力を生じている状態（民法985条1項）で相談者の破産手続が開始したということになります。

3　破産者・受遺者の意思表示

受遺者である相談者は、遺言者の死亡後であればいつでも遺贈の承認・放棄ができるわけですが、遺言書の発見が遅れたような場合には、受遺者である相談者の破産手続が開始された後においても、遺贈に対する受遺者（相談者）の意思表示が確定的に表明されていないという状態は起こり得るわけであり、このケースはまさにそういう状況にあります。

4　破産管財人の権限

破産管財人というのは、破産財団に属する財産を管理し、換価し、届出のあった債権について必要があれば異議を述べ、換価金を破産債権者に配当するなどの権限を有する者を言い、裁判所が破産手続開始決定と同時に選任します（破産法74条～78条）。つまり、破産により、債務者（破産者）の従来の財産は、破産財団を構成し、破産管財人が管理・処分します（破産法78条）。そして、破産管財人は、破産財団の管理・処分により、適当な配当原資ができるたびに公平に債権者全員に配当していきます（破産法209条）。この破産管財人は1人又は数人が選任され（破産法31条1項）、個人のほか、法人も破産管財人になることができます（破産法74条2項）。

5　破産管財人のする承認・放棄の意思表示

破産管財人のする意思表示は、破産者（相談者）に代わってされますから、その効果は破産者（相談者）に帰属します。この破産管財人の意思表示は、遺贈義務者（遺贈の内容を実現すべき義務を負う者であり、例えば、遺言者の相続人、相続人の不存在の場合の相続財産法人など）又は遺言執行者に対してする必要があります（破産法２４４条）。

なお、破産管財人が遺贈を放棄する旨の意思表示をする場合には、裁判所の許可を得る必要があります（破産法78条2項6号）。これは破産財団に与える影響が大きいと考えられるからです。

6　破産管財人からの意思表示がされない場合

破産管財人からの承諾・放棄の意思表示がされるまでに時間がかかっているような場合、例えば、遺贈不動産に他の権利が多く設定されており、放棄を相当とするかどうかの判断に時間がかかったり、あるいはその許可を裁判所から得る（破産法78条2項6号、２４４条）ために相当の時間を要していたというようなことがあるとすれば、そうした状態が長く続くことによって、遺贈義務者の法的地位（立場）を不安定にすることになりかねません。

このため遺贈義務者は、破産管財人に対し、相当の期間内に遺贈を承認又は放棄すべき旨を催告することができ、相当期間内に破産管財人からの意思表示がない場合は、遺贈を承認したものと擬制され（民法９８７条、破産法２４４条２項）、遺贈の対象となった不動産は、破産管財人が管理する破産者（相談者）の破産財団に組み込まれることになります。

７　遺贈による不動産の取得と対抗要件

ところで、叔父さんが、生前に当該不動産をほかの第三者に贈与していたというような場合を想定してみましょう。相談者は当該不動産についてその所有権を取得できるでしょうか。

この点につき判例は、「被相続人から同じ不動産について生前贈与を受けた者（第三者）と特定遺贈を受けた者（相談者）がおり、登記未了の間に相続が開始したときは、物権変動の優劣は登記の具備によって決まる。」旨判示しています（最判昭和46年11月16日民集25巻8号１１８２ページ。カッコ内は筆者注）。この判例によって明らかにされているように、当該不動産の所有権をどちらが取得するかは登記の前後によって決まることになるので、早く登記を完了した者が当該不動産の所有権を取得することになります。

なお、生前に贈与ということではなく、第三者と相談者に当該不動産を遺贈する旨の遺言が重複してなされていたような場合については、民法１０２３条1項は、「前の遺言が後の遺言と抵触するときは、その抵触する部分については、後の遺言で前の遺言を撤回したものとみなす。」と規定していますので、後になされた遺言が有効な遺言であるということになります。

相談者は高齢のお母さんと自宅（亡父名義の土地と家屋）に住んでいるが、母が「私の元気なうちにあなたの名義にしておきなさい」と言う。相談者としては、子供は自分1人であるし、老齢とは言えまだ母が元気でいるのに、自分の単独名義にするのは何となくうしろめたい感じがするからどうしたものかというものです。

老齢の母が亡夫名義の自宅を早く私の名義にするよう勧めるのですが。

1　自宅の相続人

民法887条1項は「被相続人の子は、相続人となる。」と規定しています。そして、民法890条は「被相続人の配偶者は、常に相続人となる。」と規定し（亡父の妻である相談者の母はこの相続人に該当する）、その後段において、887条の規定により相続人となるべき者（亡父の相続についての相談者はこの相続人に該当する）があるときは、その者と同順位とする旨規定しています。

2　共同相続

民法898条は「相続人が数人あるときは、相続財産は、その共有に属する。」と規定しています。そうなりますと、相談者が現在住んでいる自宅（土地・建物）は、お母さんと相談者が共有しているということになります。そして、この場合の相続する割合（相続分）については、民法９００条1項に規定があり、その1号は、「子及び配偶者が相続人であるときは、子の相続分及び配偶者の相続分は、各2分の1とする。」と規定していますので、亡父名義の自宅についての相続分は、お母さんと相談者が各２分の１の相続分を有しているということになります。

3　遺産分割をした場合

民法９０６条は「遺産の分割は、遺産に属する物又は権利の種類及び性質、各相続人の年齢、職業、心身の状態及び生活の状況その他一切の事情を考慮してこれをする。」と規定しています。この規定の趣旨は、相続人の相続分に応じ、現実に遺産に属する個々の財産の帰属を定めるにつき、考慮すべき事項を定めたものであって、法律上定まった相続分を変更することを許した規定ではない（東京高決昭和42年1月11日家月19巻6号55ページ）としています。

そして、さらに民法９０７条1項は、「共同相続人は、次条の規定により被相続人が遺言で禁じた場合を除き、いつでも、その協議で遺産の分割をすることができる。」と規定しています。したがいまして、相談者は、亡父名義の自宅について、現在はお母さんと相談者各2分の1の持分で共有していますが、お母さんと協議をして、相談者の単独所有とする遺産分割をすることができます。そうしますと遺産分割の効果は相続開始の時に遡ってその効力を生じます。民法９０９条は、「遺産の分割は、相続開始の時にさかのぼってその効力を生ずる。ただし、第三者の権利を害することはできない。」と規定して、そのことを明らかにしています。これらの規定に従って、お母さんの願いを生かし、お母さんと遺産分割の協議をし、自宅の相続が決まれば、その遺産分割協議書を提供して、亡父の名義から相談者単独の名義への相続による所有権移転登記を申請することができます。

4 遺産分割をしなかった場合

お母さんとの遺産分割協議をしないでいるうちに、高齢のお母さんにもしものことがありますと、亡夫名義の自宅について妻としての相続分2分の1を所有したまま相続が発生しますので、その2分の1の相続分は息子である相談者が相続することになります。このことを法律的には再転相続と言います。

5 再転相続

再転相続というのは、相続人が相続の承認も放棄もしないで死亡したため、第2の相続が開始することを言います（民法915条、916条）。民法915条は「相続人は、自己のために相続の開始があったことを知った時から3箇月以内に、相続について、単純若しくは限定の承認又は放棄をしなければならない。…」旨規定していますが、ご相談の場合は、お父さんの相続、つまり第一次被相続人の相続が開始した後、民法915条1項の熟慮期間（3箇月）を経た後に（すでに3か月を経過しているということです）、お母さんにもしものことがあった場合に、つまり、お母さんの相続が開始したような形態のものを広義の再転相続と言います（なお、狭義の再転相続と言われるのは、民法915条1項の熟慮期間内、つまり夫の死亡後3か月以内に、夫の相続を承認するか放棄するか未定のうちに妻の相続が開始した場合のことを言います）。

6　自宅の登記手続

再転相続が発生した時点でお母さんとの間で自宅についての遺産分割協議が成立していない場合には、自宅の所有権は、まず、父の死亡による相続を原因としてお母さんと相談者が各2分の1の割合で相続しますので、それぞれ2分の1の持分割合による共有名義の所有権移転登記をし、その後に、お母さんの所有権の共有持分2分の1について、お母さんの死亡による相続を登記原因として相続者の名義に移転登記をすることになります。

7　登録免許税

お母さんのアドバイスの趣旨は、ひたすら息子にすべての権利を早く渡して安心させてやりたいという気持ちからであると思われますが、登記の手続に必要な登録免許税のことを念頭において考えてみますと、お母さんとの遺産分割協議が成立し、父名義から1件の申請で相談者の単独名義にする相続登記の場合と、法定相続による場合は違います。法定相続では、自宅の2分の1の持分（父からの相続分）は前述のように父名義から直接相談者名義に移転登記ができるのですが、残りの2分の1は、まず、父名義から母名義に相続（母の夫に対する相続分）による所有権移転登記をし、その後に、その2分の1についてお母さん名義から相談者の名義に相続による所有権移転登記をする必要があり、登記に必要な登録免許税の合計としては、後者の手続によるほうが高額になると想定されます。

登録免許税というのは、登記、登録などについて、これらの登記を受けることによって生ずる利益に着目して、それを受ける者を納税義務者として課される税のことを言いますが、ご相談の場合には、そのことよりも、ひたすら息子（相談者）のことを思い、一人息子のためになることを元気なうちにしておいてやりたいと一途《いちず》に願うお母さんの気持ちを大切にされることが素晴らしいことではないかと思います。

ご相談の内容は、父が死亡して父名義の自宅（以下不動産という）は、相談者の母と兄（長男）そして相談者（次男）の3人で、母2分の1、兄4分の1、相談者4分の1の法定相続による共有持分割合で相続登記をしたが、その後、3人の話合いで、相談者が母の面倒をみることとし、不動産は相談者が単独で相続するということで遺産分割協議が成立した。ただ、この協議はいろんな確執がありなかなかまとまらず、やっとの思いで合意に達したので、相談者の提案で、後々問題が生じないように公正証書で作成したということです。そこで、この不動産については、法定相続分（民法900条）による相続登記がされているので、どのように登記手続をすればよいかというご質問です。

相続登記をした後で遺産分割協議が成立したのですが。

1　法定相続による登記

法律の規定によって被相続人と一定の身分関係にある者を相続人と定めています（民法887条、889条、890条）。この法律上画一的に定められている相続を法定相続と言い、その相続人を法定相続人と言います。第1順位の法定相続人は子であり、孫以下の直系卑属は、子を代襲して相続します。第2順位は直系尊属、第3順位は兄弟姉妹です。兄弟姉妹の直系卑属による代襲相続については、兄弟姉妹の子（甥姪《おいめい》）までが代襲相続します。配偶者はこれらの者と同順位で相続人となります。ただし、これらの者であっても、一定の事由があれば相続人となることができず（相続欠格。民法891条）、また、被相続人は、これらの者から虐待などを受けた場合には、生前又は遺言でその相続人の廃除を家庭裁判所に請求することができます（民法892条、893条）。例えば、遺言による廃除の判決が確定した場合には、廃除は被相続人の死亡の時に遡って効力を生じますから、判決確定前に被廃除者から相続財産に属する土地につき所有権その他の物権を取得し登記をした者であっても民法177条の第三者に当たらず、その権利を主張することはできない（大判昭和2年4月22日民集6巻260ページ）としています。

法定相続による登記は、通常相続人全員から申請されると考えられますが、法律的には相続人全員からの申請でなくともよく、その1人からの申請でも差し支えないとされています（民法252条ただし書）。もっとも、一部の者の相続分についてのみの相続登記の申請はできません（昭和30年10月15日民甲2216号法務省民事局長電報回答）。このような部分的持分の取得登記ができるとするならば一時的にもせよ、被相続人という死者の名義と相続人という生存者の名義が併存することになり、現実にあり得ない共有状態が公示されることになるからです。

2　遺産分割の効果

相続人が1人であるときは、被相続人から相続人に直接に所有権が移転するので、相続に関係する登記は相続を原因とする所有権移転登記をすることになります。

相続人が数人あるときの個々の相続財産は、相続開始後遺産分割があるまでの間共同相続人の共有となり（民法８９８条）、各共同相続人は遺産分割前にその持分を自由に処分することができます（最判昭和50年11月７日民集29巻10号１５２５ページ）。各共同相続人の持分は、遺言による相続分の指定や特別受益者（婚姻等の際に被相続人から贈与を受けた相続人）などがない限りは、法定相続分のとおりです（民法８９９条、９０１条～９０３条）。したがって、相続財産に属する不動産につき、遺産の分割前に単独所有権移転の登記をした共同相続人中のある者及びその者から移転の登記を受けた第三者に対し、他の共同相続人は自己の持分を登記なくして対抗できます（最判昭和38年２月22日民集17巻１号２３５ページ）。

しかし、遺言により法定相続分を下回る相続分を指定された共同相続人の１人が、遺産中の不動産につき法定相続分に応じた共同相続登記がされたことを利用し、自己の持分権を第三者に譲渡し移転登記をしたとしても、第三者は右共同相続人の指定相続分に応じた持分を取得するにとどまります（最判平成５年７月19日家月46巻５号23ページ）。

3　遺産分割による登記

民法９０７条は、「共同相続人は、次条の規定により被相続人が遺言で禁じた場合を除き、いつでも、その協議で、遺産の分割をすることができる。」と規定しています。この規定に基づき共有状態になった相続財産について遺産分割が行われますと、相続財産の所有権は、相続開始時に遡って、遺産分割によって相続財産の分配を受けた者に移転したことになります（民法９０９条）が、ご相談のケースの場合は、すでに法定相続による登記がなされていますので、その相続を原因とする登記の後に遺産分割を原因とする所有権移転登記をすることになります。相続財産である不動産上の権利について遺産分割によりその帰属が確定するのを待たずに（遺産分割前に）、共同相続人全員のため（本事例では3人の相続人のため）にその共同相続登記をし、その後に改めて遺産分割の内容に応じた登記をすることは差し支えないと考えられています。

このケースの場合は、すでにお母さん名義の相続による所有権の共有持分2分の1の登記、お兄さんと相談者名義の相続による所有権の共有持分各4分の1の登記がされていますので、それらの登記のうち、お母さんの共有持分2分の1の登記とお兄さんの共有持分4分の1の登記について、遺産分割を原因として相談者への各持分の移転登記をすることになります。

なお、相続開始後まだ相続登記がなされていない段階で遺産分割協議が成立している場合には、その遺産分割協議書を登記原因証明情報として提供して、いきなり遺産分割による所有権移転登記（相談者名義の所有権移転登記）をすることができます。ただし、この場合の登記の登記原因は「相続」となります（明治44年10月30日民刑９０４局司法省民刑局長回答）。遺産分割の効果は、相続開始の時に遡ってその効力を生ずるからです。

＊

ご相談のケースは、一回は法定相続分による相続登記がなされたが、その後、母と子供たちで協議し、都会に住んでいる長男ではなく、近くで父の面倒をみ、現在も母の面倒をみている次男が、父名義の自宅を相続するということでやっと話合いができたということです。ただ、次男である相談者にとっては兄の影響力は大変大きく強かったようで、ここは公正証書によって、その意見をきちっと確認し、確定しておきたかったということであり、公正証書が大きな意義と役割をもつ一場面です。

相続登記をした後に遺言書が見つかりました。どうすればよいでしょうか。

相談者は3人兄弟の長男とのことですが、父が亡くなったため（母はすでに死亡）、父の所有する不動産（父名義の宅地）について各3分の1の割合で相続登記をした。その後、父の遺言書（公正証書）が見つかり、不動産は、自分の面倒をよくみてくれた長男（相談者）にすべて包括遺贈する旨の内容になっており、遺言執行者も指定されているということで、すでになされている3人の相続人の共有による相続登記をどうすればよいか教えてほしいというご相談です。2人の弟にはこれから話をするとのことですが、どのようにすればよいかあらかじめ、その方法などを知っておきたいということでもあります。

1　相続登記

民法896条は「相続人は、相続開始の時から、被相続人の財産に属した一切の権利義務を承継する。ただし、被相続人の一身に専属したものは、この限りでない。」、同法898条は「相続人が数人あるときは、相続財産は、その共有に属する。」、同法900条4号は「子、直系尊属又は兄弟姉妹が数人あるときは、各自の相続分は、相等しきものとする。」、同法899条は「各共同相続人は、その相続分に応じて被相続人の権利義務を承継する。」と規定しています。そして、不動産登記法62条は、「…登記名義人について相続その他の一般承継があったときは、相続人その他の一般承継人は、当該権利に関する登記を申請することができる。」旨規定しています。

そして、ご相談のケースは、遺言執行者が選任されているということですが、法務省先例は、「共同相続人の1人が包括遺贈を受けていても、相続人全員の相続登記が実行されてしまえば、遺言執行者は、代理権限がなくなる。」（昭和44年10月31日民甲2337号法務省民事局長電報回答）としています。

2　遺贈

遺贈というのは、遺言により遺言者の財産の全部又は一部を無償で他に贈与することを言います（民法964条）。

民法985条1項は「遺言は、遺言者の死亡の時からその効力を生ずる。」と規定しています。この規定を逆に言えば、遺贈は遺言者の生前には何ら法律関係を発生させることはなく、受遺者は将来遺贈の目的物たる権利を取得することの期待権すら持たない（最判昭和31年10月4日民集10巻10号1229ページ）ということになります。

ところで、この遺贈の効力については、受遺者は登記をしなければ自己の所有権取得をもって第三者に対抗できないと考えられています。判例も「不動産の遺贈を受けた者はその旨の所有権移転登記を経由しないと第三者に対抗できない。」としています（最判昭和39年3月6日民集18巻3号437ページ）。そして、「その相続分は遺言により指定された共同相続分に合致している必要があり、遺言により法定相続分を下回る相続分を指定された共同相続人の1人が、遺産中の不動産に法定相続分に共同相続登記がされたことを利用し、自己の持分権を第三者に譲渡し移転登記をしたとしても、第三者は右共同相続人の指定相続分に応じた持分を取得するにとどまる。」（最判平成5年7月19日家月46巻5号23ページ）こと前述（43ページ参照）のとおりです。

3　遺言執行者の指定

ご相談の公正証書遺言では遺言執行者が指定されているということですが、民法1006条は「遺言者は、遺言で、1人又は数人の遺言執行者を指定し、又はその指定を第三者に委託することができる。」と規定しています。そして、この遺言執行者の権利義務については、民法1012条1項で「遺言執行者は、相続財産の管理その他遺言の執行に必要な一切の行為をする権利義務を有する。」と規定しています。ただ、判例は「受遺者は遺言執行者がある場合でも、遺贈の目的物について無効な登記の抹消登記手続を求めることができる。」としています（最判昭和62年4月23日民集41巻3号474ページ）。したがいまして、判例によれば、ご相談のケースでは、受遺者である相談者も抹消登記手続を求めることができることになります。

4　持分移転登記

ご相談のケースとほぼ同じ事案について、48ページの昭和44年の法務省先例の要旨は「相続人B、C、Dのために相続登記がされている不動産について、これを遺言書どおり受遺者Bの単独所有名義とするため、C、Dの持分について遺贈を原因とする持分移転の登記を遺言執行者がその資格において、C、Dに代理して申請することは認められない。」としています。

ご相談の事案の場合、相続登記が完了しているのに、その後に被相続人（相談者の父）からの遺贈を登記原因とする相続人（相談者）からの持分移転登記が可能かどうかということです。

この場合は、遺贈の対象になっている不動産について相続登記がされたわけですが、受遺者と相続登記名義人が異なればその登記は無効であり、受遺者と相続登記名義人が同一であればその範囲で登記は有効であると考えられます。そうなりますと相談者の持分として登記された部分については有効であると解することができますが、2人の弟の持分として登記された持分の登記は無効になると解されます。そうすると相談者名義の登記が有効であるということになるのでその持分の範囲では更正登記によって相談者の単独所有名義とすることは可能ではないかと考えられますが、2人の弟の持分については無効な登記であるからそれを前提として持分移転の登記申請によって相談者の単独所有名義とすることができるかについては昭和44年の法務省先例により消極に解されています。

また、こんな法務省先例があります。被相続人が売り渡した不動産について誤って相続登記がされた場合に、相続登記を抹消することなく、直ちに現在の登記名義人から所有権移転登記ができるとしている先例（昭和37年3月8日民甲638号法務省民事局長回答）です。この先例の趣旨は、このような登記を認めたとしても、実体上の権利変動の過程は登記簿（記録）上明らかであることを理由とするものであると考えられます。

しかし、ご相談のケースでは、実体上は、遺贈による物権変動として被相続人から相談者に対して権利変動が発生しているのに、登記上は、被相続人から相談者を含む3人の相続人に相続を原因とする物権変動が生じたかのように相続登記がなされているわけですから、昭和37年の法務省先例とは明らかに事案が異なります。

5　遺言執行者の義務

民法1015条は「遺言執行者は相続人の代理人とみなす。」と規定し、また、同法1012条は「遺言執行者は、相続財産の管理その他遺言の執行に必要な一切の行為をする権利義務を有する。」と規定しています。つまり、受遺者に対して遺贈義務が履行されていない場合は、受遺者は遺言執行者に対してその義務の履行を請求することができることになります。判例は「特定不動産の遺贈の執行として所有権移転登記手続を受遺者が求める場合、被告適格を有する者は遺言執行者に限られる。」（最判昭和43年5月31日民集22巻5号1137ページ）としています。

ところで、遺言者の相続人が遺贈の目的である不動産について相続による所有権移転の登記をした場合には、遺言執行者は、民法1012条の規定により相続人に対しその所有権移転登記の抹消を請求する権利があるとしています（大判昭和15年2月13日法律評論全集29巻606ページ、新版注釈民法（28巻）332、346ページ）。したがって、ご相談の場合においても、遺言執行者が相続人を相手に登記の抹消請求訴訟を提訴することは可能であると解されます。

6　相続登記名義人の同意

以上考察してきましたように、ご相談のケースの場合、遺言執行者はその資格で、相談者以外の2人の相続人に代理して持分移転登記をすることはできないと考えられるのですが、もし、話し合いができれば、相談者名義の登記は有効であるので、他の相続人名義の登記を相談者名義の登記に更正することはできると解され、この更正登記によって相談者の単独所有名義とすることは可能です。

＊

高齢化社会になり遺言が増加していると言われています。ただ、この大切な遺言書をどこに保管しておくかということになりますと、貴重な財産の帰属を決める大切なものですから、ついつい余り人の目に触れないところにひそかにしまい込むということになりがちです。そのためご相談のケースのように相続人がその遺言書を発見するのが遅れてしまうということもあり得ます。そのために遺言はなされていないものとし相続財産の処理をしてしまうということが考えられます。

しかし、ここは被相続人である遺言者の意思を尊重し、愛と感謝のメッセージと言われる遺言書の内容が実現されるようお互いの譲り合いの気持ちが大切であるように思います。

ご相談のケースは、これから3人で話し合いをされるということですが、もし、法律的なことで疑問などが生じた場合には、公正証書遺言を作成されているということですので、公証人のアドバイスを受けながら話し合いを進められてはいかがかと思います。

相談者の父が相談者に対し、「土地（一筆）を遺贈する」旨の公正証書遺言を作成しており、その遺言書に基づいて遺贈による所有権移転登記を単独で（相談者には、弟と妹がそれぞれ1人おり、2人ともこの遺言の内容に反対している）申請することができるかというご相談です。遺言執行者は指定されていないということです。

土地（宅地一筆）を私に遺贈する旨の父の公正証書遺言により、私がその登記を単独ですることができますか。

1　遺贈とは

遺贈というのは、遺言によって、遺産の全部又は一部を無償で、又は負担を付して、他に譲与することを言います。1人でできる（単独行為である）点で贈与と異なります。遺贈を受ける者を受遺者と言い、相続欠格者（民法891条）でない限り、相続人（相談者）を含めて、誰でも受遺者となることができます（民法965条、886条、891条）。

遺贈には、包括遺贈と特定遺贈があります。包括遺贈は財産の全部あるいは何分の1という形でされるものであり（民法990条）、包括受遺者は、相続人と同一の法律的地位に立つことになります。特定遺贈は、特定の財産についてされるものであり、財産が特定・独立のものである限り、遺贈の効力発生と同時に直ちに権利移転の効果を生ずるものと解されます。判例も、「特定遺贈の目的物は、遺言者の死亡と同時に直接受遺者に移転する。」と判示しています（大判大正5年11月8日民録22巻2078ページ）。ご相談のケースも、遺贈の対象は特定の土地一筆ですので、相談者の父の死亡と同時にその所有権は相談者に帰属すると解されます。

2 遺言執行者

遺言執行者は、相続財産の管理その他遺言の執行に必要な一切の行為をする権利義務を有しています（民法1012条1項）。そして、遺言執行者がある場合には、相続人（相談事例では、弟と妹）は、相続財産の処分とその他遺言の執行を妨げる行為をすることができません（民法1013条）。判例もその旨を明らかにしています。例えば、「遺言執行者がある場合、相続人が相続財産についてなした処分行為は、無効である。」（大判昭和5年6月16日民集9巻550ページ）とし、また、「遺言者の意思を尊重すべく、遺言執行者をして遺言の公正な実現を図らせるという民法1013条の趣旨からすると、相続人が同条の規定に違反して、第三者のために、遺贈の目的たる不動産（相談事例では、遺言の対象は当該土地）に抵当権を設定してその登記をしたとしても、相続人によるその処分行為は無効であり、受遺者（相談者）は、遺贈による目的不動産の所有権取得を、登記なくして、右処分行為の相手方たる第三者に対抗することができる…。」と判示しています（最判昭和62年4月23日民集41巻3号474ページ）。

このように遺言執行者が指定されていれば遺言の内容に反する他の相続人の処分行為は無効となり、遺言執行者と相談者の共同申請により、遺贈による登記を申請することができるのですが、ご相談のケースは遺言執行者の指定がされていないということですので、前述した効果を期待することはできません。民法1010条は、「遺言執行者がないとき、又はなくなったときは、家庭裁判所は、利害関係人の請求によって、これを選任することができる。」と規定していますので、遺言執行者の選任をしてもらうことも考えられます。選任申立権者は、相続人その他遺言の執行に法律上の利害関係を有する人ということになると考えられます（民法1008条、1010条）。この遺言執行者選任申立ての制度は、被相続人の最終処分の公正な実現を期するためのものであり、裁判所も、遺言の無効が形式上一見して明らかな場合を除き、遺言執行者を選任しているようです（東京高決昭和27年5月26日高民集5巻5号202ページ）。公正証書作成の段階で通常は遺言執行者が選任されることが多いと思われますが、ご相談の場合に遺言執行者が選任されていないということは、その時点では遺言執行者としてふさわしい人が思い当たらなかったのかもしれません。

3　登記手続

ご相談の場合、当該土地についての遺贈による所有権移転の登記申請は、受遺者が相続人（相談者）であっても、受遺者を登記権利者、他の相続人（弟と妹）を登記義務者として共同して登記の申請をすることになります。共同申請ですので、他の相続人の協力を得る必要があります。

当該遺言公正証書には、「後記受遺者（相談者）に後記不動産（相談の土地）を遺贈する。」旨記載されていて、受遺者は、３人いる相続人のうちの１人（相談者）であること、そして、特定の不動産（特定の土地）を遺贈する特定遺贈（相続財産全部または一部を対象とする包括遺贈ではない）であることが明白に示されていますので、当該遺言公正証書を提供してする所有権移転登記の登記原因は「遺贈」とすることになります（昭和48年12月11日法務省民３第８８５９号民事局長回答）。

＊

ご相談の場合、訴訟とか調停といった法的手段の前に何とか身内でお互いに譲歩し合って円満に解決を図ることができないものか…。やはり公正証書で遺言書を作成しておられますので、まずは、遺言書を作成された公証役場に３人で出向かれて、遺言書を作成されたときのお父さんのお考えやご心情、そして、妹さんや弟さんのご事情、そして相談者ご自身のお考えなどを公証人に詳しく話されて、公証人をまじえた話し合いの中で、お互いのわだかまりを解消し、接点を見つけて登記申請に協力してもらえないかということを遺言執行者の選任も含めてじっくりと時間をかけて話し合ってみてはいかがでしょうか。どうしても、調和点が見つからず、調停・訴訟ということにならざるを得ないということであれば、その手続なども含め公証人とよく相談されるとよいと思います。

相談者の父が土地を買ったのに、未登記のまま亡くなってしまったので、長男である相談者名義に直接移転登記をしたい、もしできないということであれば、公正証書で売買契約書を作成しておけばできたか、というご質問です。なお、相続人は相談者だけということです。

買った土地を登記しないまま父が亡くなりました。息子である私に直接移転登記ができますか。

1　不動産の売買契約

民法555条は、売買契約について次のように規定しています。「売買は、当事者の一方がある財産権を相手方に移転することを約し、相手方がこれに対してその代金を支払うことを約することによって、その効力を生ずる。」と。相談者の父はこの売買契約を結び、代金を支払って土地を購入したのですが、取得した土地の所有権の移転登記をしないまま亡くなってしまったということです。

2　所有権移転登記

民法177条は「不動産に関する物権の得喪及び変更は、不動産登記法その他の登記に関する法律の定めるところに従いその登記をしなければ、第三者に対抗することができない。」と規定し、判例は、不動産の売買における売主の義務として、「売主は売買契約の内容として登記義務を負う。」（大判大正9年11月22日民録26巻1856ページ）とし、売主の登記義務を明確にしています。

しかし、相談者の父は、この所有権の移転登記をしていません。そこで、相談者は、今となっては父が亡くなっているので、相談者自身に直接移転登記をしてもらいたいと言っているわけです。

3　所有権移転登記の当事者

仮に売主をB、亡父をA、相続人である相談者をCとします。

民法896条は「相続人は、相続開始の時から、被相続人の財産に属した一切の権利義務を承継する。」と規定しています。そうしますと、買主A（亡父）が売主Bから登記を受けないうちに死亡したときは、その相続人C（相談者）は、AがBに対して有する登記を受ける権利を承継（相続）することになります（大判明治41年2月14日民録14巻87ページ）。

しかし、この場合の売主Bの登記義務は、A・B間の売買による所有権移転が原因となって発生していますから、BはA名義への所有権移転登記をすべき義務を負うにとどまり、相続人Cは、Bに対して直接自己名義（C）への所有権移転登記をするように求めることはできないと考えられます。

4　死者名義の登記

なぜ、直接C（相談者）名義の所有権移転登記ができないのか。それは、不動産登記が実体関係を忠実に反映させることをその使命としていることに深く関わっています。権利変動の過程を如実に登記に反映させるためには、死者名義の登記を認める必要があります。登記手続的には、登記の申請人は相続人C（相談者）であり、その申請による登記名義人はA（亡父）であるということになります。

不動産登記法62条は「登記権利者、登記義務者又は登記名義人が権利に関する登記の申請人となることができる場合において、当該登記権利者、登記義務者又は登記名義人について相続その他の一般承継があったときは、相続人その他の一般承継人は、当該権利に関する登記を申請することができる」旨規定しています。また、不動産登記令7条1項5号イでは「法第62条の規定により登記を申請するときは、相続その他の一般承継があったことを証する市町村長、登記官その他の公務員が職務上作成した情報」と規定し、その場合には、申請情報と併せてその情報を登記所に提供する必要があるとして、登記権利者がその登記を申請しないまま死亡した場合の登記申請手続について明確にしています。

判例も「不動産物権の変動は原則としてそのまま登記簿（登記記録）に表示（記録）されるべきであり、贈与者からある不動産の贈与を受けた受贈者が当該不動産につき所有権移転登記手続を経由しないまま死亡し、相続人が受贈者を相続した場合においては、相続人は、贈与者に対し直接相続人（自己）名義に所有権移転登記手続をすべきことを求めることは許されず、まず贈与者に対し受贈者

（被相続人）名義に所有権移転登記手続をすべきことを求めて受贈者名義とし、ついで相続登記をなすべきものと解すべきである。」としています（東京高判昭和57年2月25日判タ470号131ページ。カッコ内は筆者）。

以上、説明しましたように、ご相談のケースの場合、直接相続人（相談者）名義に所有権移転登記をすることはできず、まずは亡くなられたお父さん名義に所有権移転登記をしてから、相談者名義に相続による登記をすることになります。

なお、このことは売買契約が公正証書で作成されていても、結論は変わりません。公正証書は、特定の法律事実や法律行為等について、公証人が作成した証書であり、この公正証書には、証明力・執行力などがあり、信頼性と安全性・安心性を有しています。それは内容を法律的に整序し、疑問などが生じないように正確に証書を作成することによって発生する法律的な力ですから、法律的に可能であり、有効な内容のものである必要があります。法律が予定していない物権変動が、公正証書を作成することによって可能になるということはありません。

5　相続人が複数である場合

ところで、ご相談のケースは相続人が1人の場合ですが、相続人が相談者以外にもいる場合はどうかということについても説明しておきます。

この場合は売主Bと、買主亡Aの相続人全員が共同して申請し、買主A名義の登記をする必要があります。その後、相続人間で遺産分割協議が成立した場合は、その者（例えばC）への単独名義の相続登記をすることができることになります。もちろん、法定相続人による共同相続の登記をすることもできます。

＊

登記制度は、国民の不動産に関する権利を保全するための制度です。そのためには、権利変動の過程と態様を正確に公示し、後にその不動産を買いたい、あるいは担保を設定したいというような人（利害関係者）が現れた場合には、その登記が有効な登記であるかどうかを容易に調査できる登記制度が必要です。我が国の不動産登記には公信力が認められていませんので、権利変動の過程と態様を正確に公示する必要があるといわれるゆえんです。参考にしていただければと思います。

相談者のお父さんは、半年ほど前に亡くなったが、長男に全財産を「相続させる」旨の公正証書遺言により、長男に唯一の財産である自宅とその敷地をすべて相続させ、弟である相談者は大学に行かせたので我慢するようにと言われたということです。相談者としては一応やむを得ないと思っているが、自分にも権利があるのではないかと思うので、法律的にはどうなるのかを知っておきたいというご相談です。なお、相談者のお母さんはすでに亡くなっており、相続人は長男と相談者の2人で、その家には長男家族が住んでいるということです。

父の公正証書遺言により、兄が家屋とその敷地を相続したが、弟には権利はないのですか。

1　遺留分

民法1028条は、兄弟姉妹以外の相続人は、遺留分として、直系尊属のみが相続人である場合は、被相続人の財産の3分の1、それ以外の場合は被相続人の財産の2分の1と規定しています。遺留分というのは、一定の相続人のために法律上必ず留保しなければならない遺産の一定割合のことを言います。近代法では、遺言自由の原則が認められ、被相続人（相談事例の父）は自己の財産を遺言によって自由に死後処分することができるというのが原則ですが、一方では、近親者の相続期待利益を保護し、また、被相続人死亡後の遺族の生活を保障するために、相続財産の一定部分を一定範囲の遺族のために留保することができるとするのが遺留分の制度です。このように考えると、遺留分は、被相続人からみれば、財産処分の自由に対する制約を意味し、相続人からみれば、相続により期待できる最小限度の財産の確保を意味します。

2　遺留分の割合

遺留分権利者は、被相続人の配偶者（相談事例ではすでに死亡）と直系卑属（相談事例では兄と相談者の2人）及び直系尊属（相談事例ではいない）に限られ、兄弟姉妹は除外されます（民法1028条）。直系尊属のみが相続人であるときは、被相続人の財産の3分の1、その他の場合（相談事例）は2分の1です。そして、その2分の1を兄と相談者で分けることになりますが、各4分の1の遺留分があるということになります。なお、ご相談の場合、お父さんには債務はなかったということです。

3　遺留分減殺請求

民法1031条は「遺留分権利者及びその承継人は、遺留分を保全するのに必要な限度で遺贈及び前条に規定する贈与の減殺を請求することができる。」と規定しています。この意味は、被相続人が、ある相続人又は受贈者に遺留分を超えて遺贈又は贈与をした場合は、自分の遺留分が侵害されたとして、遺留分を超えて遺贈又は贈与を受けた受遺者又は受贈者に対して減殺を請求して遺留分を取り戻すことができるということです。

遺留分に違反した行為は、当然に無効となるというわけではなく、遺留分を侵害された人が遺留分権利者（ご相談の場合は弟である相談者）であり、その遺留分権利者が遺留分を超えて遺贈または贈与を受けた人に対して、遺留分減殺請求をすることができます。このように遺留分を侵害する行為の効力は当然に無効となるのではなく、遺留分を保全するのに必要な範囲で、減殺請求の対象になるということにとどまります。

減殺請求の行使は、意思表示の方法によればよく、必ずしも訴えの方法によることを必要としません（最判昭和41年7月14日民集20巻6号1183ページ、同昭和44年1月28日家月21巻7号68ページ）。

なお、遺留分減殺の請求権は、遺留分権利者が、相続の開始及び減殺すべき贈与又は遺贈があったことを知った時から1年間行使しないときは、時効によって消滅することになり（民法1042条）、相続開始の時から10年を経過したときも同様ですので留意する必要があります。ご相談の場合は、相続開始の時から半年ぐらいということですので、この点についての心配は今のところは必要ないということになります。

4 遺留分減殺請求の対象

今回のご相談の場合は「相続させる」旨の遺言がなされています。そこで、遺贈の場合と同様に遺留分減殺の対象になるのかどうかということが疑問となります。「相続させる」旨の遺言というのは、「特定の不動産を特定の相続人に相続させる」趣旨の遺言のことであり、この遺言がされている場合には、当該不動産は、被相続人死亡時に直ちに当該相続人に承継され、単独で所有権移転登記手続をすることができます（最判平成7年1月24日判時1523号81ページ）。

また、判例は、「相続させる」旨の遺言については、遺留分との関係につき遺贈と同様に扱う方向を示しています。最判平成10年2月26日民集52巻1号274ページは、「相続人に対する遺贈が遺留分減殺の対象となる場合においては、その受遺者も遺留分を有するものであるところ、遺贈の全額が減殺の対象となるものとすると、減殺を受けた受遺者の遺留分が侵害されることが起こり得るが、このような結果は遺留分制度の趣旨に反するから、右遺贈の目的の価額のうち、受遺者の遺留分額を超える部分のみが、民法1034条にいう目的の価額に当たる。特定の遺産を特定の相続人に相続させる趣旨の遺言による当該遺産の相続が遺留分減殺の対象となる場合においても、以上と同様に解するべきである。」としています。このことは、最高裁が、相続人に対する遺贈が遺留分減殺請求の対象になることを明確にした上で、そのことが「相続させる」旨の遺言の場合にもそのまま妥当すると述べていますので、大変重要な意義を有する判例であると考えられます。

＊

ご相談いただいたようなケースは、個々のケースによって複雑な事情がある場合が多く、なかなか説明が難しいことがあります。今回のご相談の場合もご家庭の詳しい事情はわかりませんし、不動産の価値をどうみるかということもなかなか難しいところです。また、大学に進学することの意義についてもその人によってそれぞれその理解の仕方は異なるような気もします。そこで、ここでは、「相続させる」旨の遺言と遺留分減殺の法律的な意味を中心に説明をしました。

やはり、お父さんが公正証書を作成された公証役場に行かれて、公証人に具体的な事情を詳しく説明され、その結果を踏まえて遺留分減殺の措置をとるかどうか検討されることをお勧めします。ここでの説明はそのときの参考にしていただければと思います。

相続では、ご質問のような状況は通常発生することが想定されることですが、法律的にはいろいろと難しい問題を含んでいます。以下に詳しく説明します。

預金は遺産分割の前でも払戻しの請求ができますか。父の借金の支払債務はどうですか。

1　遺産の共同所有の性質

民法898条は「相続人が数人あるときは、相続財産は、その共有に属する。」と規定しています。条文上は共有に属すると規定しているのですが、この共有の法律的な性質については、これを文字どおり共有と解する考え方（共有説）と、合有（共同所有）と解する考え方（合有説）があります。

合有説の考え方は、共同相続人は、遺産を包括的に承継するのであるから、その相続財産全体を一括してその上に相続分に応じた抽象的な権利義務を有しているにすぎず、共有説のように個々の相続財産の上に自由に処分できる共有持分権を有するものと解することはできないとしています。

判例でも、「民法は、相続人は、相続開始の時から、被相続人の財産に属した一切の権利義務を承継するとし（民法896条）、相続人が複数存在する場合においては、相続財産は各相続人の共有に属する（民法898条）と規定しているが、他方、個別財産の共有物分割手続とは別途の総合的遺産分割方法（民法９０６条）をも予定し、この遺産分割においては、遺産に属する物又は権利の種類及び性質、各相続人の年齢、職業、心身の状態及び生活の状況その他一切の事情を考慮すべきものとしているばかりではなく、個別具体的な各相続人の相続分の算定に際しては特別利益や寄与分等の要素をも加味して相続人間の利害の合理的調整を図って定めることとしているのであり（民法９０３条、９０４条、９０４条の２、９０５条）、これらの趣旨等に照らすと、遺産分割協議成立前の遺産の共有は、民法２４９条以下に規定している共有の場合とは異なり、各相続人が遺産に属する個別の財産の上に当然に法定相続分に応じた持分を有するものではなく、遺産全体について各相続人の法定相続分に応じた抽象的な権利義務を有しているにとどまるものであると解するのが相当である。…」と判示しているものがあります（東京地判平成7年3月17日金法〔金融法務事情〕１４２２巻38ページ）。しかし、最高裁判例は、「ある財産が遺産に属することの確認の訴えは、当該財産が現に共同相続人の共有関係にあり、…」と判示し、遺産の共有が民法２４９条以下に規定する共有（個々の財産の共有）と性質を異にするものではないとして共有説をとっています（最判昭和30年5月31日民集９巻28号７９３ページ、最判昭和50年11月7日民集29巻10号１５２５ページ、最判昭和61年3月13日民集40巻2号３８９ページなど）。

2　可分債権の相続

数人の相続人が預金等の可分債権（金銭債権等）を相続した場合にその可分債権の帰属につき、最判昭和29年4月8日（民集8巻4号819ページ）は、「相続人数人ある場合において、その相続財産中に金銭その他の可分債権があるときは、その債権は法律上当然分割され各共同相続人がその相続分に応じて権利を承継するものと解するのを相当とする。」と判示し、また最判平成16年4月20日（判時1859巻61ページ）は、「相続財産中に可分債権があるときは、その債権は、相続開始と同時に当然に相続分に応じて分割されて各共同相続人の分割単独債権となり、共有関係に立つものではないと解される。したがって、共同相続人の1人が、相続財産中の可分債権につき、法律上権限なく自己の債権となった分以外の権利を行使した場合には、当該権利行使は、当該債権を取得した他の共同相続人の財産に対する侵害となるから、その侵害を受けた共同相続人は、その侵害をした共同相続人に対して不法行為に基づく損害賠償又は不当利得の返還を求めることができるものというべきである。」と判示しています。

3　実務の取扱い

このように最高裁判所の判例は、可分債権については当然に分割されるということを明確にしているのですが、ただ実際には、銀行実務などでは、共同相続人の1人からの自己の法定相続分に応じた預金の払戻請求には応じないのが一般的であるとも言われており、遺産分割協議書（相続人全員の印鑑証明書付き）もしくは調停調書・審判書を求める場合が多いと言われています。その理由として判例は、「遺言の存否、相続人の範囲、遺産分割の合意の有無等をめぐって争いがあるにもかかわらず、共同相続人の1人が預金債権につき法定相続分の払戻しを求めてきた場合に、銀行その他の金融機関が安易にその要求に応じると金融機関が相続人間の紛争に巻き込まれ、応訴の労を取る必要等が生ずることがありうる。このような事態を避けるための共同相続人の1人が預金債権につき法定相続分の払戻しを求めてきた場合に、一応、遺言がないかどうか、相続人の範囲に争いがないかどうか、遺産分割の協議が調っていないかどうか等の資料の提出を払戻請求者に求めることは、預金払戻しの実務の運用として、不当とはいえない。」として、銀行実務の取扱いに一定の理解を示しています。一方では、「しかし、預金の払戻し請求をした共同相続人の1人が、一定の根拠を示して、相続人の範囲、遺言がないこと、遺産分割の協議が調っていない事情等について説明したときは、金融機関としてはその者の相続分についての預金の払戻し請求に応ずべきものである。その場合に、共同相続人全員の合意又は遺産分割協議書がなければ払戻請求に全く応じないとするのは、相続に関する法律関係を正解しない行きすぎた運用というべきである。相続人の一部が所在不明であったり、外国に居住し、容易に連絡が取れないこともありうるのであり、そのような場合にも、上記のような厳格な運用をすれば、預金の払戻請求者である相続人の権利を害することが余りにも大きいものといわなければならい。」（東京地判平成8年2月23日判タ945号198ページ）旨判示して銀行実務の取扱いが硬直的にならないよう求める判例もあります。

また、遺産分割の調停などでも、預金債権が各共同相続人に法定相続分に応じて帰属していることを前提としながらも、共同相続人全員が遺産分割の対象財産とすることの明示または黙示の合意がある場合には、これを遺産分割の対象となし得るとした審判例もあり（東京家審昭和47年11月15日家月25巻9号107ページ）、現在の実務の取扱いも共同相続人の明示または黙示の合意が得られる場合には、その全員の合意によって可分債権を遺産分割の対象に取り入れ、柔軟かつ円滑な処理を心がけているようです。なお、平成28年の最高裁の判決では、「共同相続された普通預金債権、通常貯金債権及び定期貯金債権は、いずれも、相続開始と同時に当然に相続分に応じて分割されることはなく、遺産分割の対象となる（最大決平成28年12月19日民集70巻8号2112ページ）とし、また、共同相続された定期預金債権及び定期積金債権につき同旨の判例が出ています（最判平成29年4月6日判タ1437号67ページ）。

4　定額郵便貯金債権

定額郵便貯金債権については、郵便貯金法は、定額郵便貯金債権の分割を許容しておらず、同債権は、預金者が死亡したからといって相続開始と同時に当然に相続分に応じて分割されることにはなりません。つまり、郵便貯金法は、定額郵便貯金につき一定の据置期間を定め、分割払戻しをしない旨の条件を定め（7条1項3号）、預入金額も一定の金額に限定していますから（同条2項、郵便貯金規則83条の11）、同貯金債権はその預金者が死亡したからといって当然に共同相続人間で分割されることにはなりません。したがって、その最終的な帰属は遺産分割手続で決められることになります。同債権が遺産に帰属するか否かにつき争いがあれば遺産確認の利益が認められます（最判平成22年10月8日、民集64巻7号1719ページ）。民事訴訟手続で同債権が遺産に属することの確認の訴えをするということは確認の利益があるということです。

郵便貯金法が定額郵便貯金をこのような制限の下に預け入れられる貯金として定める趣旨は、多数の預金者を対象とした大量の事務処理を迅速かつ画一的に処理する必要上、預入金額を一定額に限定し、貯金の管理を容易にして、定額郵便貯金に係る事務の定型化・簡素化を図ることにあるようです。ところが、この定額郵便貯金債権が相続により分割されると解すると、それに応じた利子を含めた債権額の計算が必要となる事態を生じかねず、定額郵便貯金に係る事務の定型化・簡素化を図るという趣旨に反することになります。

他方、同債権が相続により分別されると解したとしても、同債権には右記条件が付されている以上、共同相続人は共同して全額の払戻しを求めざるを得ず、単独でこれを行使する余地はないので、分別されると解する意義は乏しいと言えます。そうなりますと同債権の最終的な帰属は、遺産分割の手続で定めるのが相当であるということになります。

5　相続債務の帰属

相続債務が遺産分割の対象になるか否かについては、消極に解されています。債務の遺産分割を認めるとすると、その実質は債務の引受けであると考えられます。例えば、相続人Ａ・Ｂが各２分の１の割合で相続した債務について、遺産の分割によってＡのみが債務者になるとすれば、Ｂの相続した２分の１の債務をＡに移転させることであって、これは債務の引受けということになります。この債務の引受けが有効に行われるためには、債権者の承諾が必要です（民法４７２条３項、最判昭和30年９月29日民集９巻10号１４７２ページ）が、遺産分割は債権者の参加を必須の要件としていませんので、相続債務は遺産の分割にはなじまないと考えられます（東京高裁決定昭和30年９月５日家月７巻11号57ページ、大阪高裁決定昭和31年10月９日家月８巻10号43ページ）。

＊

相続については、それぞれ個別的事情が異なりますので、一般的な基準で明確に判断できない事柄も多くあります。ご質問の可分債権の問題もその一つであって、一律に明確にお答えすることが難しいのですが、説明した事柄を参考にして、事前に取引のある金融機関等と十分協議をされ、円滑な払戻しができるよう配慮をされればよいと思います。

相談者の父が亡くなり、父の土地を相続し、相続登記を済ませている相談者に対し、父が生前にお世話になったAさんあての公正証書遺言の遺言執行者から、その土地はAさんに遺贈すると書いてあるので、土地の相続登記を抹消してAさんに所有権移転登記をしてほしいと言われたのですが、応じなければならないか、という質問です。

すでに相続登記をした土地について、父の遺言の遺言執行者からその登記の抹消を求められて困っている。

1 父の遺言の確認

まず、相談者の父の遺言書の内容を確認する必要があります。公正証書遺言ということですから、遺言書の検認（民法1004条2項）は必要ありません。検認は、遺言の方式に関する一切の事実を調査して遺言書の状態を確認し、その現状を明確にするものであって、遺言書の実体上の効果を判断するものではありません（大決大正4年1月16日民録21巻8ページ）。

必要なことは、遺言書の確認として、相談者が相続登記をしている当該土地が、その父の遺言により、Aさんに遺贈するということになっているかどうか、また、遺言執行者が、当該遺言により遺言執行者として指定されている人に相違ないかどうかといった点を中心に確認することです。ここでは、相談者はそういった点については確認済みであり、遺言書そのものについては特に問題はないという前提で説明をします。

2　遺言執行者の権限

民法1012条1項は、「遺言執行者は、相続財産の管理その他遺言の執行に必要な一切の行為をする権利義務を有する。」と規定しています。ここに規定する遺言の執行に必要な行為としては、相続財産の保管・利用などに必要な行為、さらには相続財産を売却換価する権利を含むとされ、ご相談のケースで言えば、遺言執行者は遺贈不動産をAさんに所有権移転の登記をすべき立場にあります（大判明治36年2月25日民録9巻190ページ）。

さらに、遺言で遺言執行者として指定された者が就職を承諾（民法1007条は、「遺言執行者が就職を承諾したときは、直ちにその任務を行わなければならない。」と規定）をする前であっても、民法1013条に規定する「遺言執行者がある場合」に当たる（最判昭和62年4月23日民集41巻3号474ページ）としています。したがって、ご相談の場合、遺言執行者の就職の有無は考察する必要はないことになります。

3　相続執行者と相続人の関係

ご相談の内容に直接関係する遺言執行者と相続人との関係については、民法1013条において、

「遺言執行者がある場合には、相続人は、相続財産の処分その他遺言の執行を妨げる行為をすることができない。」と規定しています。もし、相続人がこの規定に違反して相続財産の処分行為をした場合は、その行為は無効となります。判例は、「遺言執行者がある場合に、相続人が相続財産について処分行為は絶対無効である。」旨判示しています（大判昭和5年6月16日民録9巻550ページ）。

なお、遺言者は、遺言で、1人又は数人の遺言執行者を指定することができ（民法1006条1項）、また、未成年者及び破産者は、遺言執行者となることができない（民法1009条）のですが、ご相談のケースは、遺言執行者は成年者1人であり、破産者ではないということです。

4　相続登記の効力

ご相談の場合、亡き父の遺言を知らないで相続人である相談者が相続登記をしているのですが、この相続登記の効力がどうなるのかということが重要な問題となります。

判例は、遺言執行者は、遺贈不動産について所有権移転の登記をなすべき立場にあり、相続人が遺贈不動産に相続登記した場合には、その抹消を請求できるとしています（大判昭和15年2月13日法律評論全集29巻民法606ページ）。また、遺言執行者がある場合に、相続人が遺贈の目的物を第三者に譲渡し又はこれに第三者のために抵当権を設定しその登記をしたとしても、相続人のしたその処分行為は無効であり、受遺者は登記なくして第三者若しくは抵当権者に所有権を対抗できるとしています（最判昭和62年4月23日民集41巻3号474ページ）。

したがって、このケースの場合、相談者の方が相続登記をしていても遺言執行者から抹消登記の請求があった場合には、それに応じざるを得ないということになります。

5 遺言の存在の確認

相続によって財産を承継した相続人は、本来は相続財産に対して管理処分権をもつはずです。ただ、被相続人の遺言があり、遺言執行者が指定されていた場合、遺言執行者が遺言の執行に必要な範囲でもつべき管理処分権との関係がどうなるかということが問題となります。この点、遺言執行者の管理処分権の範囲は遺言で認められる相続財産の範囲に限定されます。ご相談の場合も遺贈の対象になっているのは相談者が相続登記をしている土地一筆ということですから、それ以外の財産については、相続人は管理処分権を有すると解されます。

さらに言えば、このことは相続人である相談者固有の債権者が、この土地については強制執行をすることはできないということを意味します。そうしますと、このような相続人の処分権の喪失は、相続人に対する処分の制限（不動産登記法3条）の一種として登記などによる公示も考えられなくはないのですが、現行法上はその方法は存在していません。ご相談のケースでは、相続登記をした土地を相続人である相談者が第三者に処分はしていないのですが、仮にこの土地を第三者に処分、つまり第三者に譲渡したり、担保を設定したりすると、その処分行為は無効と解されるわけです（前述の大判昭和5年（77ページ参照）と最判昭和62年の判例（76ページ参照））。

もっとも、相続人の処分行為が無効であると言っても、もし遺言執行者の同意や追認があるならば、その処分行為は有効になると解されます。

6　遺言執行者の指定がない場合

ご相談のケースは、遺言執行者が指定されている場合ですが、遺言執行者の指定がない場合にはどうなるか。

遺言執行者が指定されていない場合でも遺言の効力は発生しますので、当該土地の所有権は遺言の効力の発生と同時に受遺者であるAさんに移転すると解されます。したがって、当該土地の受遺者への所有権移転登記は、すでになされている相続登記を抹消し、Aさんが登記権利者、相談者が登記義務者となり、遺贈を登記原因として共同申請で所有権移転登記申請をするのが原則ですが、その相続登記の抹消を求めることなく、相談者の名義の相続登記から、Aさんに遺贈を原因として所有権移転登記手続をするよう求めることができると解されます（昭和37年3巻8民甲638号法務省民事局長電報回答）。

なお、遺言執行者が指定されているこのケースは、相続登記が無効となりますので、その相続登記を抹消してから、受遺者であるAさん名義に所有権移転登記をする必要があると考えられます。

＊

ご相談のケースは遺言書を保管していた人からの権利主張が遅れたため、それを知らずに相続人が相続登記をしてしまったというものであり、当事者の誰かに悪意があったためにこのような事態が起きたわけではありません。しかし、民法1013条が規定しているように、遺言執行者がある場合は、相続人は、相続財産の処分その他遺言の執行を妨げるべき行為をすることができなくなりますので、この相続人の処分権が制限されていることが何らかの形で公示できるような方法が望まれるところではあります。特に最近のように遺言が増加している状況の下ではそのことを強く感じます。

今回のご相談のケースでは第三者への処分はなされていませんが、もし第三者への処分がなされていますと、影響は更に大きくなる可能性があります。いずれにしましても、ご相談者の方はある日突然に、相続登記までした土地の権利を失うことになってしまうわけですが、法律的には今まで説明してきたようなことになると考えられますので、参考にしていただければと思います。

私の母の面倒をみてきた妻に寄与分は認められますか。

寄与分というのは、被相続人の財産の維持・増加、療養看護などに特別の寄与をした相続人の取り分のことを言います。民法によって認められている制度ですが、一般的にはいまだ馴染《なじ》みの薄い制度かもしれません。

ご質問の内容は、相続人でない妻に寄与分が認められるかどうかという寄与分制度の本質にせまるなかなか難しいものです。

1 寄与分とは

民法９０４条の２第１項は「共同相続人中に、被相続人の事業に関する労務の提供又は財産上の給付、被相続人の療養看護その他の方法により被相続人の財産の維持又は増加について特別の寄与をした者があるときは、被相続人が相続開始の時において有した財産の価額から共同相続人の協議で定めたその者の寄与分を控除したものを相続財産とみなし、第９００条から第９０２条までの規定により算定した相続分に寄与分を加えた額をもってその者の相続分とする。」、第２項は「前項の協議が調わないとき、又は協議をすることができないときは、家庭裁判所は、同項に規定する寄与をした者の請求により、寄与の時期、方法及び程度、相続財産の額その他一切の事情を考慮して、寄与分を定める。」、第３項は「寄与分は、被相続人が相続開始の時において有した財産の価額から遺贈の価額を控除した残額を超えることができない。」、第４項は「第２項の請求は、第９０７条第２項の規定による請求があった場合（遺産の分割について、共同相続人間に協議が調わないとき、又は協議をすることができないときは、各共同相続人は、その分割を家庭裁判所に請求することができる。）又は第９１０条に規定する場合（相続の開始後認知によって相続人となった者が遺産の分割を請求しようとする場合において、他の共同相続人が既にその分割その他の処分をしたときは、価額のみによる支払の請求権を有する。）にすることができる。」と規定しています。

この規定によれば、寄与者の相続分は、相続開始時の相続財産の価額から寄与分を控除して共同相続人の相続分を算出し、その額に寄与分を加えたものということになります。

２　寄与の要件

(1)　まず、相続人による寄与であることが必要です。共同相続人の中に相続財産の維持または増加に寄与した者がいる場合に、その寄与を寄与相続人の相続による取得額に反映させようとする制度であるからです。

このように寄与分の制度は、遺産分割手続等の中で共同相続人間の衡平を図るためのものですので、寄与者は共同相続人に限られることになります。その結果、ご質問のケースのように、例えば、私の母の面倒をみてきた妻に寄与分は認められますか。

親と同居していた子の1人とその配偶者が共同で親の家業を手伝いかつ親の療養看護に努めたというような場合、あるいは子である夫の配偶者が単独で夫の親の家業の手伝いや療養看護をしたような場合でも、その夫の配偶者の貢献を遺産分割で考慮することはできないということになります。

このような配偶者の貢献については、子である夫自身の貢献と一体のものとして、相続人である子が、妻の履行補助者としての地位を考慮して、配偶者の分も含めて寄与分を主張できるとする解釈もできなくはないように思われますが、現在の民法が夫婦の財産的独立性を認めていること（民法762条1項）、さらには子である夫が配偶者である妻より先に死亡したような場合には配偶者の貢献が考慮できないといった問題点もあるように思われます。

寄与分権利者は、必ずしも1人に限定されませんので、共同相続人のうちの複数の者が寄与分権利者となることはできます。相続の承認をした共同相続人は、単純承認をした場合と限定承認をした場合とを問わず、寄与分権利者になります。

ただし、相続放棄をした相続人は、寄与分権利者となることはできませんし、相続欠格事由（民法は891条）を有する場合や相続を廃除された場合（民法892条・893条）は、いずれも相続人の資格を失いますから寄与分権利者になることはできません。また、包括受遺者（包括して遺贈を受ける者）は相続人と同一の権利義務を有します（民法990条）が、相続人ではありませんので、寄与分権利者とはなりません。

代襲相続人については、自らが相続人の財産の形成に寄与した場合には、もちろん寄与分を主張できますが、さらに被代襲者の寄与分をも主張できるかどうかについては見解が分かれています。例えば、寄与のある長男が被相続人父より先に死亡している場合に、長男の子が代襲相続人として長男の寄与分を主張できるかどうかですが、肯定してよいのではないかと考えられます。このように解することが相続人間の衡平を図ることになると考えられるからです。

(2) 次に、相続人による「特別の寄与」であることが必要です。「特別の寄与」というのは「通常の寄与」と区別する趣旨であり、通常の寄与は、家族の共同生活関係の中で、相互の協力扶助の中に吸収され、法定相続分を修正するだけの力にはなりません。典型的な寄与としては、被相続人の事業への労務の提供または財産上の給付、被相続人の療養看護などがあります。例えば、寄与にあたるとされた場合としては、「被相続人が死亡するまで25年にわたり共に家業に従事し、最後まで被相続人と生活を共にした長男」（福岡家小倉支審昭和56年6月18日家月34巻12号63ページ）、「37年にわたり病弱の夫を扶養看護し、夫名義の不動産も専ら自己の収入により購入した妻」（山形家審昭和56年3月30日家月34巻5号70ページ）などがあります。

また、寄与にあたらないとされた場合として、「長男が父から営業を譲渡された後、店舗部分の拡張や改造をし、父母の死に至るまで同居扶養したとしても、これは営業の譲受けと深い相関関係があるから、特別の寄与とはいえない」（和歌山家審昭和56年9月30日家月35巻2号１６７ページ）、「寄与分は、相続開始時を基準として考慮されるべきであって、相続開始後に家業に専念し、その有形無形の貢献により遺産分割時には相続財産を増加させても寄与分として評価されない」(東京高決昭和57年3月16日家月35巻7号55ページ、同昭和54年3月29日家月31巻9号21ページ)としたものなどがあります。

寄与分は、昭和55年の民法改正によって創設された制度です。昭和40年代から家庭裁判所の遺産分割審判事件処理の実務においては、寄与分を認めて遺産の分割をする審判例が相次いで現れるようになりましたが、寄与分について明文の規定のない従前の民法の下では、どのような理論上の根拠に基づき寄与分を認めることができるのか、認めることができるとしてその範囲はどうかなど問題が少なくなく、これを認める明文の規定の新設を望む声が大きくなっていたようです。昭和55年の民法改正の背景には、以上のような事情があったと言われています。

なお、相続人に相続財産を取得させるために相続放棄をしたことが寄与にあたるかという問題もあります。例えば、父が死亡し、共同相続人である母が相続放棄をして、父の遺産を1人の子に相続させた後に、この子が死亡して相続が開始し、その妻と母とが共同相続人となった場合に、母は先の相続放棄を寄与として寄与分の主張をすることができるかどうかという問題があります。

このような場合、相続放棄は、本来、相続人たる地位の放棄という消極的な行為であり、他の相続人の相続分が増加するのはその反射的効果に過ぎないから、相続放棄は寄与行為には該当しないという考え方もあり得ますが、相続分を無償贈与し、または遺産分割で取得した財産を贈与することは、寄与にあたると認め得る余地があるとする考え方もあり、実質的に同様の結果をもたらす相続放棄についても寄与にあたることを認める余地があると考えられます。

3 寄与の効果

共同相続人のうちに、被相続人の財産の維持または形成に寄与した者がある場合に、相続財産からその者の寄与分を控除したものを相続財産とみなして相続分を算定し、その算定された相続分に寄与分を加えた額をもってその者の相続分としますので、寄与によって相続分の修正という効果が発生します。そして、この相続分の修正によって、その者に相続財産のうちから相当額の財産を取得させ、共同相続人間の実質的衡平を図ることができます。

4 遺贈および遺留分との関係

寄与分は遺贈の額を超えることができず（民法904条の2第3項）、遺贈は遺留分によって制約されます（民法1031条）。そして、寄与分は、遺留分による制約を受けないと解されています（異論はあります）。

まず、寄与分と遺贈との関係ですが、遺贈があるときは、寄与分の額は、相続財産の価額から遺贈の価額を控除した額を超えることはできません（民法９０４条の2第3項）から、遺贈は寄与分に優先します。これに対し、遺言により相続分が指定されているときは、指定相続分は寄与分に劣後します（民法９０４条の2第1項）から、寄与分によって修正を受けます。

次に、寄与分と遺留分との関係ですが、寄与分は遺留分に基づく減殺請求の対象とはなりません。遺留分減殺請求の対象になるのは遺贈と贈与に限られ（民法１０３１条）、寄与分はこれに加えられていないからです。また、実質的に考えても、遺留分は、被相続人の意思による財産処分に対する制限であるのに対し、寄与分は相続人の協議等による相続分の修正であるという違いがあるからです。

5　寄与分の決定

寄与分を決定する方法としては、協議、調停および審判による方法があります。

寄与分は、まず、共同相続人間の協議によって定められます（民法９０４条の2第1項）。寄与分が相続分の修正であり、これを請求するか否かは寄与相続人の意思にかかっていますので、まず、共同相続人間で自主的に解決するのが相当であるからです。協議が調わないときは家庭裁判所の調停または審判で決定することができます。この寄与分が決定されますと、寄与分を控除したものを相続財産とみなし、法定相続分または指定相続分を算出します。そして、その額に寄与分を加えたものが寄与者の相続分となります。

6　寄与分を含めた相続分の算定例

例えば、被相続人が相続開始の時に有した財産の価額を1200万円とします。相続人としてABCの3人の子がいます。指定相続分はなく法定相続分は各3分の1です。そのうち、Aは500万円の生前贈与、Bは300万円の遺贈を受け、Cは200万円の寄与をしているとします。この場合、まず、Aが生前贈与500万円を受けていますので、その500万円を持ち戻します（民法903条1項）。その結果、相続財産は1700万円とみなされます。そのみなし相続財産1700万円からCの寄与分200万円を控除したもの（民法904条の2第1項）すなわち1500万円が相続財産となります。

そこで、まずAについてです。Aの法定相続分は1500万円の3分の1、すなわち500万円になりますが、Aは生前に500万円の生前贈与を受けていますので、その分を差し引きます（民法903条1項）と具体的相続分はゼロとなります。次にBについてです。Bも法定相続分は3分の1ですから、500万円になりますが、300万円の遺贈を受けていますので、その分を差し引きますと具体的相続分は200万円になります。最後にCです。法定相続分は3分の1ですから、500万円となりますが、Cは寄与者ですので寄与分200万円が加算されますので、具体的相続分は700万円となります。以上のような計算をして寄与者の相続分が決まってきます。

＊

寄与分制度の概要について説明してきましたが、寄与分制度には一定の限界があります。一つは、今回のご質問に関係しますが、寄与者が共同相続人でなかった場合は寄与分の対象にならないという点です。この寄与分制度が具体的相続分の算定にあたって共同相続人間の衡平を図るための制度として創設されていますので、この点の解決はなかなか難しいのですが、寄与を受ける被相続人が寄与者に対し遺言書を作成しておくということも一つの打開策になり得るかもしれません。ご質問のケースの場合も、寄与分制度の限界を超えることになりそうですので、もし可能であるならば、お母さまから奥さまへの感謝のメッセージとしての遺言書をしたためるといったことも考えられると思います。

相続の発生前に遺留分の放棄はできますか。相続の放棄についてはどうですか。

1 相続開始前の遺留分の放棄

民法1043条は、その1項において、「相続の開始前における遺留分の放棄は、家庭裁判所の許可を受けたときに限り、その効力を生ずる。」と規定し、その2項において、「共同相続人の1人のした遺留分の放棄は、他の各共同相続人の遺留分に影響を及ぼさない。」と規定しています。

この規定により、相続開始前の遺留分の放棄は家庭裁判所の許可を条件として認められることになります。相続開始前に遺留分の放棄をするということの意味は、将来相続が開始した場合に遺留分を主張しない、遺留分を侵害する贈与・遺贈があってもそれを減殺しないという意思を表示する単独行為であり、被相続人が遺留分を侵害する贈与又は遺贈をしても遺留分減殺請求をすることができないという効果を生じさせるものです。もっとも、この遺留分の放棄は、相続分（無遺言である場合は法定相続分、遺言による相続分の指定等がある場合は、その指定相続分等）には影響を及ぼしません。

また、1人の相続人のした遺留分放棄は他の共同相続人に何ら影響をしません（民法1043条2項）。被相続人の自由分が増加するのみです。例えば、父A、母B、子Cがいる場合に子Cがその遺留分4分の1（Cの相続分2分の1の2分の1、すなわち4分の1がCの遺留分です。民法1028

条）を放棄しますと、被相続人ＡはＢに財産のすべてを相続させても、Ｃから遺留分の減殺をされることはありません（Ｃの遺留分放棄によって、その分ＡがＢに相続させることができる自由分が増加します）が、逆に、この場合にＡがＣに相続財産の全部を相続させた場合、Ｂの遺留分は、Ｃが遺留分を放棄するか否かにかかわらず４分の１（Ｃの遺留分の放棄による影響を受けません）です。

家庭裁判所の許可基準としては、遺留分権利者の自由意思に基づくものであること、放棄理由が具体的事情を考慮して客観的に合理性・相当性をもっていることなどが必要です。審判例としては、妻が被相続人の夫に対する遺留分の放棄許可を求めた例において、申立人の申立ては、被相続人（夫）の発意に出たものであり、殊に配偶者相続権の確立の理念に反するところがある、として許可しなかったもの（東京家審昭和35年10月４日家月13巻1号１４９ページ）や、被相続人の非嫡出子が、５年後に金３００万円の贈与を被相続人がするという約束の下で遺留分放棄の申立てをした場合に、このような贈与は現実に履行されるか否かたやすく予断できないから、許可をすると思わざる損害を惹《じゃっ》起《き》するおそれがあるとして許可しなかったもの（神戸家審昭和40年10月26日家月18巻４号１１２ページ）などがあります。

なお、遺留分放棄の許可を得た後に、申立ての前提となった事情に変化が生じ、放棄が実情に適しなくなった場合に、遺留分放棄の取消し（撤回）をすることができるか問題となります。審判例には、Ａの子であるＢが、Ａの後妻であるＣと養子縁組をし、Ｃに対して相続権が生じたので、Ａに対する相続について遺留分を放棄したところ、その後BとCが協議離縁をしたという場合に、放棄の取消しを認めています（東京家審昭和44年10月23日家月22巻6号98ページ）。もっとも、遺留分放棄の許可審判の取消し（撤回）は、もとより容易に許されるべきではなく、それが許される事情の変更は、「遺留分放棄の合理性、相当性を裏づけていた事情が変化し、これにより遺留分放棄の状態を存続させることが客観的にみて不合理、不相当と認められるに至った場合でなければならない。」としています（東京高決昭和58年9月5日判時1094巻33ページ）。

2 相続開始後の遺留分の放棄

相続開始後の遺留分の放棄については、明文の規定はないのですが、個人の財産権の処分の自由という観点から認められると解されています。この場合は家庭裁判所の許可は必要ありません。包括的な遺留分権を放棄することも、それから生ずる個々の減殺請求権を放棄することも自由です。遺留分放棄の効果は、相続開始前の放棄と異なるところはありません。

3 相続の放棄

相続の放棄は、相続が開始した後に相続人が相続の効果を拒否する意思表示のことを言います（民法938条～940条）。この相続放棄をするには、自己のために相続の開始があったことを知った時から3か月以内に家庭裁判所にその旨を申述しなければなりません（民法915条、938条）。この場合の「自己のために相続の開始があったことを知った時」の意義については、「相続人が相続開始の原因たる事実の発生を知り、かつ、そのために自己が相続人となったことを覚知した時を指す。」（大決大正15年8月3日民集5巻679ページ）とし、「被相続人に相続財産が全く存在しないと信ずるにつき相当な理由があると認められるときには、本条の熟慮期間は、相続財産の全部又は一部の存在を認識した時又は通常これを認識し得るべき時から起算する。」（最判昭和59年4月27日民集38巻6号698ページ）、相続人が複数いる場合の起算点については、「相続人がそれぞれ自己のために相続の開始があったことを知った時から各別に進行する。」（最判昭和51年7月1日家月29巻2号91ページ）としています。

そして、相続放棄をした者は、その相続に関しては、初めから相続人とならなかったものとみなされます（民法939条）ので、共同相続の場合は、他の相続人の相続分が増加します。なお、相続放棄をした者については代襲相続は発生しません（民法887条）。相続放棄を撤回することはできませんが、一定期間内に制限能力や詐欺・強迫などを理由として取消しをすることはできます（民法919条4項）。

4　相続開始前の相続の放棄

相続の放棄については、あらかじめ相続の放棄をすることはできず、契約による相続放棄は無効であるとされています（大判大正6年11月9日民録23巻1701ページ）。相続の放棄は、相続発生後における家庭裁判所への申述と受理審判によってのみ効力を生じるという要式行為であるから、このような方式を履践しない限り、相続放棄は効力を生じないということになります。

相続権は、相続人が相続財産についてもつ権利であり、相続開始の前後によって、その内容を異にします。すなわち、相続開始前の相続権は、推定相続人（現在相続が開始するとすれば相続人となる者）がもっている不確定な期待的権利にすぎません。しかし、相続開始後の相続権は、相続が開始した結果、相続人が取得する相続財産に対する包括的な権利あるいは権利義務を含む財産上の地位を意味します。この相続権はまさに相続開始によって発生した確定的な権利であると言えます。したがって、相続権の放棄というのは、相続が開始してこそ、その相続権の放棄ということも法律的に可能になってくる性質のものであると考えられます。

これに対し、遺留分は、前述したように、遺言自由の原則に対する一定の制約を意味します。近代法では遺言自由の原則が認められ、被相続人は自己の財産を遺言によって自由に死後処分することができるのが原則ですが、他方、近親者の相続期待利益を保護し、また、被相続人死亡後の遺族の生活を保障するために、相続財産の一定部分を一定範囲の遺族のために留保させるのが遺留分の制度です。この遺留分権については、旧民法下においては、相続権は不可侵なものとして相続開始前の放棄は認めていませんでした。しかし、現在の民法では、均分相続による農地の細分化を防ぐといった理由などから遺留分の事前の放棄が認められたというようにも言われていますが、現行民法の下でも、遺留分権は均分相続制をとる新民法の基本理念に反する、あるいは相続分の事前放棄は認めておらず、論理的には一貫しないといった反対意見もあります。

確かに、この遺留分権も相続権と同じように被相続人の死亡後に具体化する性質のものであると考えられますが、被相続人が生前に事業の承継者に一定の財産を承継させておきたいというような場合に、他の相続人の同意（遺留分の放棄）を得て円滑に事業用財産を後継者に引き継ぐといったような場合には、一定の役割を果たすことも考えられます。

また、生前に被相続人が遺言をするような場合に、その遺留分の有無、その割合等を考慮することによって（その放棄の有無も含めて）、実情に合った遺産の公平な分配への配慮ということが可能になってくるのではないかということも考えられます。

＊

遺留分の相続開始前の放棄の問題、それから相続の放棄の問題は、いずれも大変重要な制度であり必要な制度ですが、大変難しい問題を含んでいるように思います。ここでも、自己中心的ではなく、お互いの立場を尊重し、諸事情を考慮しながら、慎重に判断されることが大切です。

相続の欠格というのは、相続人の廃除とはどう違うのですか。

1 相続欠格

相続欠格というのは、本来なら相続人となる者が、不正な行為（著しい非行）をしたため法律上当然に相続資格を失うことを言います。相続人の廃除の場合は、被相続人又は遺言執行者の請求により、家庭裁判所が審判（調停）で相続人の相続権を奪うという制度であり、遺留分を有する推定相続人のみが対象となるという点でも、すべての相続人が対象となる相続欠格の制度とは異なります。さらには、その事由についても、廃除事由の場合は、相続欠格ほどの重大な事由がなくても、被相続人に対する虐待、重大な侮辱その他著しい非行がある場合に対象となるという点でも違いがあります。

相続欠格の本質をどのように考えるかについては、見解が分かれています。その一つは、相続についての相続人による財産取得の側面を重視し、相続欠格はその取得秩序を乱し、違法・不当に利得しようとしたことに対する制裁であるとみる考え方であり、他の見解は、相続の根拠を相続人と被相続人とのつながり（相続的協同関係）に求め、相続欠格はこの関係を破壊ないし侵害したこと（被相続人と相続人との間にある相続的協同体とも言えるような倫理的・経済生活的結合関係を破るような非行）に対する制裁とみる考え方です。

前者の考え方は、相続人の違法・不当な利得という結果を重視し、後者の考え方は、相続人の被相続人に対する行為ないし態度の悪さ（悪性）を重視していると考えられます。どちらの視点を重視して考えればよいのか、民法８９１条に規定するすべての欠格事由について、その根拠を考えていきます。

２　欠格事由

民法８９１条は、相続人の欠格事由につき次のように規定しています。

「次に掲げる者は、相続人となることができない。

１　故意に被相続人又は相続について先順位若しくは同順位にある者を死亡するに至らせ、又は至らせようとしたために、刑に処せられた者

２　被相続人の殺害されたことを知って、これを告発せず、又は告訴しなかった者。ただし、その者に是非の弁別がないとき、又は殺害者が自己の配偶者若しくは直系血族であったときは、この限りでない。

３　詐欺又は強迫によって、被相続人が相続に関する遺言をし、撤回し、取り消し、又は変更することを妨げた者

４　詐欺又は強迫によって、被相続人に相続に関する遺言をさせ、撤回させ、取り消させ、又は変

更させた者

5　相続に関する被相続人の遺言書を偽造し、変造し、破棄し、又は隠匿した者」と規定しています。

まず、1号の「故意に被相続人又は相続について先順位若しくは同順位にある者を死亡するに至らせ、又は至らせようとしたために、刑に処せられた者」についてです。この場合は、殺人の故意が要件とされますから、過失致死はもとより、傷害致死も含まれません（大判大正11年9月25日民集1巻534ページ）。この欠格事由は、被相続人又は先順位・同順位相続人の生命を故意に侵害し、又は侵害しようとした相続人に、まさに「公益上徳義上」からの私法上の制裁として、相続を拒否するものであり、これは被相続人等を故意に殺害し、または殺害しようとしたことに対する当然の報いであり、相続的協同関係に対する破壊そのものへの制裁であると考えることができます（「相続欠格の本質」についての後者の考え方）。

2号の「被相続人の殺害されたことを知って、これを告知せず、又は告訴しなかった者」についてです。この事由については、被相続人が殺害されたときは、告訴告発をするのが相続人の義務であるにもかかわらず、これを怠り、犯罪の発覚を妨げ、または遅延させたことに対する制裁という趣旨で定められています。しかし、現在では、犯罪があれば告訴告発を待つまでもなく、当然に捜査が開始されるのが原則です（刑事訴訟法189条2項、191条、230条、231条）ので、告訴告発をしなかったからといって相続欠格事由とすることは適当でないとする見解が多数です。したがって、この2号の適用にあたっては慎重かつ厳格に解する必要があるということになります。なお、告訴告発のできない者及びできにくい者、すなわち、是非の弁別のできない者、加害者の配偶者及び直系血族は除かれています（民法891条2号ただし書）。

3号の「詐欺又は強迫によって、被相続人が相続に関する遺言をし、撤回し、取り消し、又は変更することを妨げた者」です。これは、被相続人の遺言の自由を保障するための規定であり、相続人が被相続人の遺言の自由を妨害し、相続法上不当に有利な地位を得ようとしたことに対する制裁として規定された事由です。この場合の遺言は、相続に関する遺言、すなわち、相続財産や相続人の範囲に直接又は間接に影響を与える可能性のある遺言である必要があります。そして、この遺言は有効なものである必要があります。無効な内容の遺言行為をすることを妨げても実害の発生する余地がないからです。

4号の「詐欺又は強迫によって、被相続人に相続に関する遺言をさせ、撤回させ、取り消させ、又は変更させた者」です。ここでは、文字どおり、被相続人に相続に関する遺言をさせ、あるいは撤回、取消し、変更をさせることによって相続人が相続法上有利になろうとし、または不利になることを妨げる意思が必要であると解されます。

5号は、「相続に関する被相続人の遺言書を偽造し、変造し、破棄し、又は隠匿した者」です。この場合も、故意を伴っていることが必要ですが、さらに不当な利益を得る目的でその行為をすること、すなわち、例えば、隠匿について考えてみると、隠匿とは、「故意に遺言書の発見を妨げるような状態におくこと」のほかに、隠匿者が隠匿をすることで「相続法上有利となり又は不利となることを妨げる意思に出た」ことを要すると解されます。判例は、「被相続人の意思を実現させるためにその法形式を整える趣旨で遺言書を偽造又は変造したにすぎないときは、右相続人は本条（民法８９１条）５号所定の相続欠格者に当たらない。」としています（最判昭和56年4月3日民集35巻3号４３１ページ）。この事案は、遺言者が前の公正証書遺言を取り消す旨の自筆証書遺言書を作成したのですが、この自筆証書の遺言書には押印がなかったのです。そこで、この遺言書の形式を整える意味で、遺産の一部を与えられることになっている相続人の1人が遺言書に押印したというものです。また、「遺言公正証書の保管を託された相続人が遺産分割協議が成立するまで他の相続人の１人に遺言書の存在を告げなかったことは、本条（民法８９１条）５号の隠匿に当たらない。」としています（最判平成６年12月16日判時１５１８号15ページ）。そして、さらに判例は、「相続人が被相続人の遺言書を破棄又は隠匿した行為が相続に関して不当な利益を目的とするものではなかったときは、右相続人は、本条（民法８９１条）５号所定の相続欠格者に当たらない。」（最判平成９年１月28日民集51巻１号１８４ページ）としています。

このように欠格事由について考察すると、前述のように民法８９１条１号に規定する欠格事由は、まさに「相続欠格の本質」についての立法趣旨に関する後者の考え方（相続的協同関係の破壊）に基づくものですが、同条2号から5号に規定する事由は、「相続欠格の本質」についての立法趣旨に関する前者の考え方（違法・不当な利得）に基づくものであると解することができます。

3　欠格の効果

⑴　当然発生主義

欠格の効果は、法律上当然に発生します。欠格事由が相続開始前に発生したときは、その時に欠格の効力が発生し、欠格事由が相続開始後に生じる場合（民法891条2号の事由は常にそうであり、5号の事由も相続後に生じることがあり得ます）には、欠格の効果は相続開始の時に遡って発生します。いずれの場合にも、欠格事由のある者が事実上相続したときは、真正相続人はこの者に対して相続回復の請求ができます（民法884条）。

⑵　欠格の相対的効力

欠格の効果は、特定の被相続人との間で相対的に発生するにすぎず、欠格者のすべての相続について資格がなくなるわけではありません。この点は相続の排除と同じです。例えば、父の遺言に不当な干渉をしたため欠格となった子がいたとしますと、その子は父の相続をすることはできないのですが、母（父の妻）の相続をすることはできます。また、欠格の効果は、その本人に限られますので、欠格者の直系卑属は欠格者の代襲をすることができます（民法887条2項・3項）。

4　相続欠格と廃除

以上説明しましたが、相続人の非行に対する制裁の制度としては、相続欠格と相続人廃除の制度があります。どちらも相続人の非行を理由に相続人の相続権を失わせる制度ですが、相続人の廃除は、相続欠格にくらべてより軽い程度の非行に対する制裁として、被相続人の発意によって制裁することになっています。それに対し、相続欠格は、相続人が一定の非行をした場合に法律上当然に相続権が奪われる制度です。ただ、その原因となる欠格事由の立法趣旨は前述のように必ずしも同一であるとはいえず、二種の異なる立法趣旨による欠格事由が並存的に規定されているということになります。

このように、立法趣旨は必ずしも統一されていないとしても、民法891条に規定されている欠格事由は、非行に対する民事上の制裁として大変重要な法律的意味をもっています。

＊

社会の高齢化が進む中、相続をめぐるトラブルが増えてきていると言われます。身内でもめ続け、修復できないような不和になることがあってはならないと思います。まさに相続が「争続」とならないように、遺産を残す側にも、遺産を受ける側にも、自分のことだけでなく、相手の立場を思いやる暖かい気持ちが大切であるということでしょう。

相続人の存在が不明であるときは、まず、相続財産を相続財産法人とし（民法951条）、家庭裁判所の選任する相続財産管理人にその管理・清算をゆだねます（民法952条─957条）。それでも不明であるときは、相続人捜索の公告（6か月以上）をし（民法958条）、それでも相続人である者が現れないときは、相続人の不存在が確定します（民法958条の2）。その結果、相続財産管理人は、相続債権者及び受遺者に弁済をして相続財産の清算をします（民法957条）が、その清算後の残余財産は、被相続人と特別の縁故があった者（特別縁故者）の請求があれば、家庭裁判所はその者に財産の全部または一部を分与することができます（民法958条の3）。もし、特別縁故者がおらず、ほかに共有者がいればその人に帰属します（民法255条）が、共有者もいない場合は、その財産は国庫に帰属することになります（民法959条）。そして、相続財産法人は消滅します。

相続人がいない場合は、相続財産はどうなるのですか。

1　相続財産法人

民法951条は、「相続人のあることが明らかでないときは、相続財産は、法人とする。」と規定しています。この法人のことを相続財産法人と言います。そして、その相続財産法人の財産管理をするのが相続財産管理人です。家庭裁判所は、利害関係人または検察官の請求によって相続財産管理人の選任をしなければなりません（民法952条）。この相続財産管理人は、相続財産の管理及び清算をすることになります（民法953条）。

なお、遺言者に相続人はいないが、相続財産全部の包括受遺者（民法990条は、「包括受遺者は、相続人と同一の権利義務を有する。」と規定）がいる場合は、「相続人のあることが明らかでないとき」には当たらないと解しています（最判平成9年9月12日民集51巻8号3887ページ）。

2　相続財産の分与と特別縁故者

相続財産の分与というのは、相続人がいない場合に、家庭裁判所が、被相続人と特別の縁故があった者の請求により、清算後の相続財産の全部または一部をその者に分与する制度のことを言います。特別縁故者については、民法958条の3第1項は、「…家庭裁判所は、被相続人と生計を同じくしていた者、被相続人の療養看護に努めた者その他被相続人と特別の縁故があった者の請求によって、これらの者に、清算後残存すべき相続財産の全部又は一部を与えることができる。」と規定し、その趣旨を明らかにしています。

この民法958条の3は、昭和37年（1962年）に新設された規定です。旧民法では指定家督相続人（旧民法979条）、選定家督相続人（旧民法982条）、継親子（子と、父の後妻または母の後夫とが同じ家籍にある場合の親子関係。旧民法728条）、嫡母庶子《ちゃくぼしょし》（父の認知した嫡出子以外の実子。旧民法728条）などの相続人制度がありましたが、現行民法ではそういった制度はなくなり、相続人の範囲が狭くなった結果、相続財産の国庫帰属が生じがちであるとして、特別縁故者への分与の制度は「被相続人の合理的意思を推測探究し、いわば遺贈ないし死因贈与制度を補充する趣旨も含ませている」（最判平成元年11月24日民集43巻10号1224ページ）ものであり、抽象的な親族関係の遠近ではなく、具体的・実質的な縁故の濃淡が判断の基準であると解されています。

審判例では、内縁の夫婦（岡山家審昭和46年12月1日家月25巻2号99ページ）、事実上の養親子（大阪家審昭和40年11月27日家月18巻7号62ページ）、未認知の子（神戸家審昭和51年4月24日判時822巻17ページ）などに関するものが多くみられます。もっと具体的にみると、内縁の妻については、30年以上にわたって被相続人と生活を共にし、被相続人の死亡に際してはその葬儀を営み、また遺産となった家屋の残額（半額程度）を自ら完済した内妻（東京家審昭和38年10月7日家月16巻3号123ページ）、幼児の頃から被相続人を実父と信じ、成長後は養父として慕い、被相続人も同人を実の娘のごとく可愛がり、30年以上にわたって生活の苦楽をともにした事実上の養子（大阪家審昭和40年3月11日家月17巻4号70ページ）、いとこの子であることから、なにかにつけて被相続人の老後の相談相手となり、病床に臥《ふ》してからは、妻とともにその看護に尽くし、その死後は葬儀を行い被相続人の祭祀を主宰してきた者（鹿児島家裁昭和38年11月2日家月16巻4号158ページ）などが特別縁故者に該当するとされた審判例があります。

このように、民法958条の3の規定による特別縁故者に対する相続財産の分与は、家庭裁判所の審判によってされますので、審判前には、特別の縁故を主張する者に被相続人の遺言の無効確認を求める法律上の利益は認められません（最判平成6年10月13日家月47巻9号52ページ）。また、特別の縁故を主張し得る者が分与の申立てをすることなく死亡した場合には、その者の相続人はこの財産分与の申立てをすることはできません。しかし、申立てをした後その審判前に死亡した場合には、相続人が申立人としての地位を承継することはできると解されます（大阪家審昭和39年7月22日家月16巻12号41ページ）。もっとも、特別縁故者が死亡した場合には、特別縁故者の地位は、被相続人との個人的な事情に基づくものであり、一身専属的なものであることから、この地位は相続の対象にならず、特別縁故者の相続人からの分与請求は認められません（名古屋高決平成8年7月12日家月48巻11号64ページ）。この審判による相続財産の分与は、相続でもなく、遺贈でもありません。分与を受けた者は、その財産を相続財産法人から特定承継したものと解されます。

なお、特別縁故者となり得るのは、自然人には限られません。学校法人、社会福祉法人、地方公共団体、養護老人ホームなども特別縁故者になり得ます。

3　共有者

例えば、不動産の共有者の1人が死亡した場合において、その者に相続人が存在しないことが確定しますと、民法958条の3と民法255条との適用関係が問題となります。民法255条が、「共有者の1人がその持分を放棄したとき、又は死亡して相続人がないときは、その持分は、他の共有者に帰属する。」と規定しているからです。

この点につき、最高裁判例は、「共有者の1人が死亡し、相続人の不存在が確定し、清算手続が終了したときは、その共有持分は特別縁故者に対する財産分与の対象となり、右財産分与がなされず、共有持分を承継すべき者のないまま相続財産として残存することが確定したときにはじめて、民法255条により他の共有者に帰属する。」（最判平成元年11月24日民集43巻10号1220ページ）としています。そして、この場合の相続財産である共有持分の移転登記は、登記原因を「平成何年何月何日特別縁故者不存在確定」としてすることになります（平成3年4月12日付け法務省民3第2397号民事局長回答、平成21年2月20日法務省民2第500号民事局長通達218）。

なお、この民法255条の規定は、区分所有建物（マンション）の敷地利用権については適用されません（建物の区分所有等に関する法律24条）。区分建物の敷地利用権である共有持分につき、特別縁故者がいない場合にその共有持分が他の共有者に帰属することになっては、一体化している区分建物の帰属者（例えば国）と異なることになりかねず、財産管理上の手数がかかるなど不便であり、そうすべき実益もないと考えられるからです。

4　国庫帰属

一定の定められた期間内（民法958条の3第2項）に分与の申立てをする者がいない場合、または特別縁故者がいた場合においても、その分与額が相続財産の一部にとどまり残部がある場合には、その残りの相続財産は国庫に帰属し、相続財産法人は消滅します。

国庫帰属の時期について、判例は、「相続人不存在の場合において、特別縁故者に分与されなかった相続財産は、相続財産管理人がこれを国庫に引き継いだ時に国庫に帰属し、相続財産の全部の引継ぎが完了するまでは、相続財産法人は消滅することなく、相続財産管理人の代理権もまた、引継ぎ未了の相続財産につき存続する。」（最判昭和50年10月24日民集29巻9号1483ページ）としています。したがって、残余財産の権利が国に移転し、全部の引き継ぎが完了するまでは、相続財産法人は消滅せず、相続財産管理人の代理権もまた引き継ぎ未了の相続財産についてはなお存続することになります。

＊

特別縁故者への分与の制度は、この制度が創設された昭和37年頃は、要式の厳格性や意識の不浸透などもあって遺言の利用が活発ではなかったため、遺言や死因贈与がなされない場合の補充の意味もあったようです。その当時に比べますと、現在は、遺言は相当に多くなってきていますが、現在でも分与が必要なすべての場面で必ず遺言などがなされているという状況ではなく、依然として特別縁故者への相続財産の分与の制度は重要な意義のある制度であると考えられます。

１０５ページの平成元年の最高裁の判示のように、「被相続人の合理的意思を推測探究し、いわば遺贈ないし死因贈与制度を補充する」という、死者の合理的意思を推測探究する特別縁故者への分与制度の有する意義は大変大きく、重要であるというゆえんがここにあるように思われます。

著者紹介

藤原　勇喜（ふじわら　ゆうき）
〔略　歴〕
法務省法務総合研究所教官（兼任）、法務省民事局民事調査官、同登記情報管理室長、東京法務局民事行政部長、同総務部長、仙台法務局長、大宮公証センター公証人、社団法人民事法情報センター理事、日本文化大学法学部講師（民法・破産法）、早稲田大学法学部講師（不動産登記法）、国土交通省国土審議会専門委員（地籍調査・区画整理）など歴任。
現在、藤原民事法研究所代表。
〔著　書〕
公図の研究〔5訂版〕（大蔵省印刷局→㈱朝陽会）／公正証書ア・ラ・カ・ル・ト　公正証書とは（㈱朝陽会）／公正証書ア・ラ・カ・ル・ト　遺言（㈱朝陽会）／新訂渉外不動産登記（㈱テイハン）／新訂相続・遺贈の登記（㈱テイハン）／体系不動産登記（㈱テイハン）／公正証書と不動産登記をめぐる諸問題（㈱テイハン）／企業の承継・再生・再編と不動産登記をめぐる諸問題（㈱テイハン）／信託登記の理論と実務〔第3版〕（㈱民事法研究会）／倒産法と登記実務〔第3版〕（㈱民事法研究会）など多数

グリームブックス（Gleam Books）
著者から受け取った機知や希望の“gleam《ひらめき》”を、
読者が深い思考につなげ“gleam”を発見する。
そんな循環がこのシリーズから生まれるよう願って名付けました。

公正証書ア・ラ・カ・ル・ト
―相続―

平成30年4月1日　発行　　　価格は表紙カバーに表示してあります。

著　者　　藤原　勇喜

発　行　　株式会社　朝陽会　〒340-0003　埼玉県草加市稲荷2-2-7
電話（出版）　048（951）2879
http : www.choyokai.co.jp/

編集協力　有限会社　雅粒社　〒181-0002　東京都三鷹市牟礼1-6-5-105
電話　0422（24）9694

ISBN978-4-903059-52-5
C0032　¥1000E

落丁・乱丁はお取り替えいたします。